BEAUFORT 10 – WAS TUN?

FRANK ROBB

BEAUFORT 10 – WAS TUN?

Sturmfibel für Yachten
übersetzt von Ralf Stapelfeldt

6. Auflage

VERLAG KLASING & CO GMBH, BIELEFELD

ISBN 3-87412-023-6

Einbandgestaltung Siegfried Berning
Zeichnungen C. Hunter

Printed in Germany 1982
Druck: Kunst- und Werbedruck, Bad Oeynhausen

Inhaltsverzeichnis

Für Connie Bond –
eingedenk ihrer Zuversicht

Vorwort

Dieses Buch soll keine zusätzliche „Segelanweisung“ sein. Es wurde für Eigner und Schiffer kleiner, seetüchtiger Boote – Motor- oder Segelboote, Berufs- oder Vergnügungsfahrzeuge – geschrieben, die glauben, daß sie ihre Schiffe bei „normalen“ Wetterverhältnissen, das heißt bei Winden bis zu Sturmstärke, sicher führen können.
Es hat außergewöhnliches Wetter zum Thema. Wer zur See fährt, muß damit rechnen, von Orkanwinden und Orkansee überrascht zu werden, denen gegenüber seine „normalen“ Maßnahmen vielleicht nicht ausreichen. Er muß sich ganz neuer Taktiken bedienen, und von diesen handelt das vorliegende Buch, das eigentlich gar kein „Segelbuch“ ist, weil es sich vor allem mit den Verhältnissen bei Orkanen beschäftigt, unter denen kein Boot irgendwelche Segel tragen kann.
„Überleben auf See“ wäre als Titel ebenso richtig. Das Buch bietet einen Extrakt 50jähriger Erfahrungen als Schiffer kleiner Segel- und Motorboote, die im Mittelmeer und um die Britischen Inseln, vor allem aber an den Küsten Südafrikas gewonnen wurden, am Kap der Stürme, das den zweifelhaften Ruf besitzt, mit schwerem Wetter lediglich Kap Hoorn nachzustehen.
Vieles wird lauten Protest nicht nur von „Lehnstuhlseefahrern“, sondern auch von seiten einiger erfahrener Fahrtensegler hervorrufen, denen bestimmte Ratschläge als klägliche Versuche vorkommen mögen, sich an veraltete Methoden zu klammern oder neue Ideen bockig zurückzuweisen.
Einige Einwände mögen berechtigt sein. Es gehört heute jedoch zum Alltag eines Bootsbesitzers, daß der Markt ihn mit einer Flut neuer Einfälle und Tricks überschüttet, die jeweils für sich in Anspruch nehmen, „besser“ zu sein als das, was sie ablösen sollen. Es soll allerdings nicht bezweifelt werden, daß diese Entwicklung auch ihre positiven Seiten hat.
Doch die Kritiker mögen bitte bedenken, daß dieses Buch speziell für Leute geschrieben wurde, die die See in Breiten befahren, in denen sie katastrophalen Hurrikanbedingungen begegnen können, die man nicht überlebt mit Tricks und Knüllern, sondern nur mit einem gekonnten Riß, einem gut gebauten Schiff, stabilem Gut und einem fähigen Skipper.

Kapstadt *Frank Robb*

Das Wetter

Mark Twain hat einmal gesagt: „Ständig murren die Leute über das Wetter, doch niemand *tut* etwas dagegen."
Eines Tages können wir es vielleicht irgendwie beeinflussen, bis dahin allerdings müssen wir das Wetter nehmen wie es kommt.
Eine ganze Menge haben wir jedoch schon über seine Ursachen gelernt, so daß wir mit Hilfe einiger einfacher Instrumente und einem Schuß gesunden Menschenverstandes zu einer begründeten Vorstellung darüber kommen können, was uns bevorsteht. Das ist doch eine ganz erfreuliche Sache – vor allem für den Besitzer eines kleinen Bootes. Deshalb wollen wir zunächst betrachten, was eigentlich die Wetteränderungen hervorruft.
Der Antriebsmotor ist die Sonne. Sämtliche Luftbewegungen sind direkt oder indirekt auf sie zurückzuführen. Abb. 1 zeigt idealisiert die Erde als unbewegten Himmelskörper, der in Höhe des Äquators gleichmäßig erwärmt wird. Warme Luft steigt auf und wird von dichterer, kälterer Luft aus polaren Regionen ersetzt. Ein solches System würde nach der Abbildung entweder nur Nord- oder nur Südwinde aufweisen.
Doch die Erde ist keine ruhende, stationäre Kugel. Innerhalb 24 Stunden dreht sie sich um sich selbst – das heißt, jeder Punkt auf ihrer Oberfläche bewegt sich ostwärts, und zwar minimal (null) an den Polen und maximal (1600 km/h) am Äquator. Die kalten Winde, die von den Polen herabwehen, ahnen nichts von dieser Drehbewegung (der Mensch brauchte zu dieser Entdeckung mehrere tausend Jahre): Beharrlich wehen sie direkt nach „Süden" oder „Norden" – wobei die Erde ihnen förmlich entwischt. Dieses Phänomen ist bekannt als Corioliseffekt. Abb. 1 zeigt, wie die scheinbare Richtung eines vom Nordpol stammenden und nach Süden wehenden Windes infolge des geschilderten „Entwischens" der Erde in zunehmender Weise nach Westen abgelenkt wird, so daß er am Äquator fast genau in Richtung Westen weht. Dies ist der wichtigste und grundlegende Effekt; in Wirklichkeit treten noch Nebenerscheinungen auf (siehe unten) – doch lassen sich der Südost- und Nordostpassat, der Monsun und die Schwenkungen einer Zyklonbahn darauf zurückführen. Winde, die vom Südpol wehen, erhalten aus dem gleichen Grund einen Drall nach Westen.
Als Folgeerscheinung vorherrschend östlicher Winde in niedrigen (äquatorialen) Breiten bildet sich in höheren Regionen eine rückläufige Bewegung in Form der Westwindgürtel (Abb. 2).

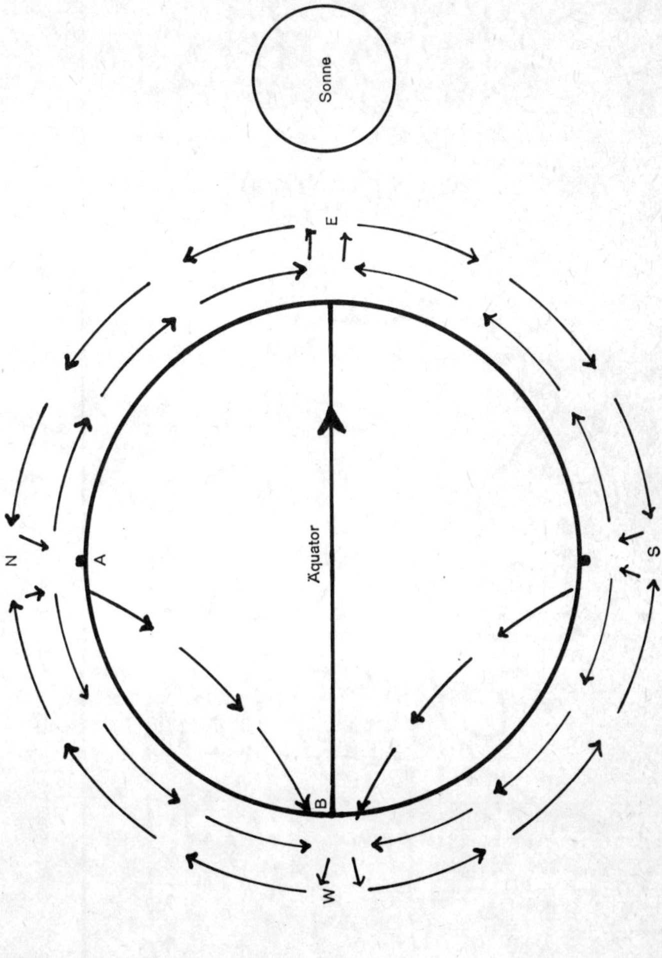

Abb. 1

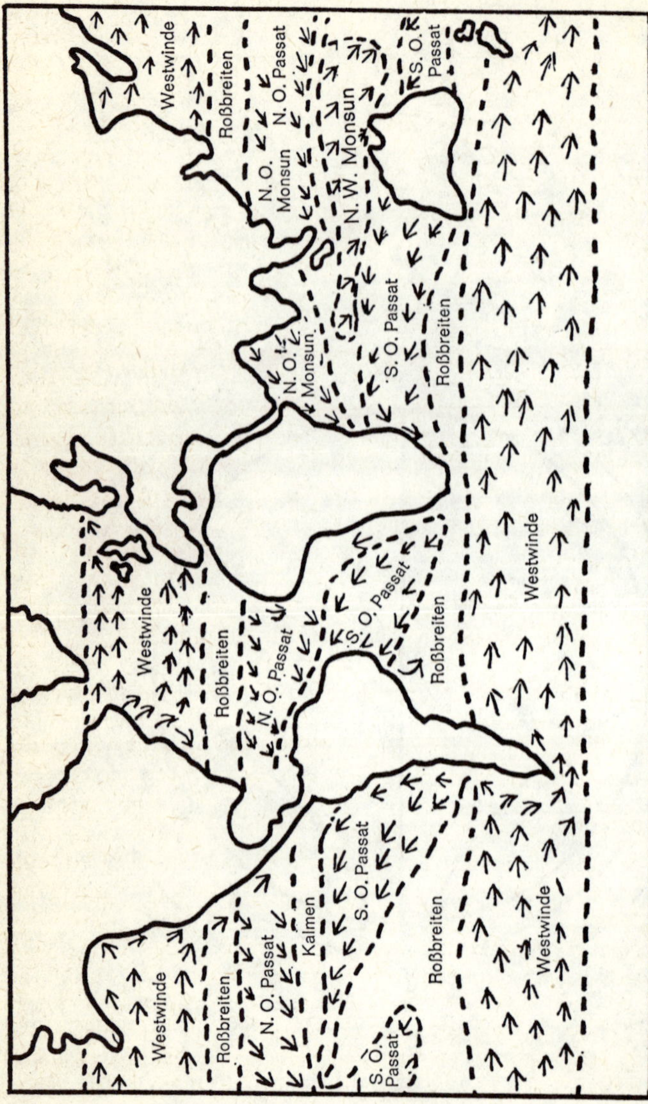

Abb. 2 Windsysteme der Erde (etwa Februar)

Zwischen äquatorialen Ostwinden und den Westwinden nördlicherer Breiten finden wir wechselnde Winde und Tiefdruckzonen und durchweg zyklonale Winde.
Wäre die Erde vollständig von Wasser bedeckt, könnten wir die Windverhältnisse recht genau vorhersagen. Abb. 2 zeigt, wie bei großen Strecken freien Seeraums der Regel gemäß die östlichen Passate gleichmäßig während des ganzen Jahres wehen, während in höheren Breiten die Westwinddrift vorherrscht.
Doch auf der Erde ist eben nicht nur Wasser. Überall ragen unordentlich verteilte Landmassen hervor, deren Einfluß auf unser „wohlgeordnetes" Windsystem allerdings dazu beiträgt, den Fahrtensegler vor Langeweile zu bewahren.
Abb. 2 veranschaulicht, wie die Kontinente die stetig wehenden Winde hemmen und ablenken, so daß sie ihre Eigenart verlieren. Die atlantischen Passate kommen mit Amerika in Konflikt. Der Monsun kommt an Afrikas Küste zu Fall, und auf der nördlichen Halbkugel findet sich so viel Land, daß dort der Westwindgürtel bis zur Unkenntlichkeit verzerrt wird. Nur die „Brüllenden Vierziger" im Süden haben Raum genug, um während des ganzen Jahres zu wehen.
Um die Geschichte noch vertrackter zu machen, erwärmt sich das Land tagsüber und kühlt sich nachts schneller ab als das Wasser, so daß also jede größere Landmasse ihr eigenes Windsystem entwickelt. Zu guter Letzt „wandert" die Sonne, indem sie beiden Halbkugeln Winter und Sommer beschert, und bringt damit zusätzliche Abweichungen.
Noch ist die Reihe der Verstöße des Landes gegen die natürliche Ordnung nicht vollständig. Das vom warmen Passat angetriebene Oberflächenwasser staut sich an den Kontinenten auf und sucht sich Abflüsse in Form starker Strömungen wie dem Golf- und dem Moçambiquestrom – die wiederum die Wasser- und Lufttemperatur Tausende von Meilen von ihrem Ursprung entfernt erhöhen und das Klima ganzer Kontinente bestimmen.
Unser geordnetes Windsystem ist also zu einer Art Eintopf geworden, in dem lauter unerwartete Dinge zusammengekocht und von einer Schar magenkranker Wetterfrösche neugierig beäugt werden.
Viele Fahrtensegler zeigen kein Interesse für den „Mechanismus" des Wetters, sondern vertrauen den Wetterberichten im Radio. Der Radiosprecher kann jedoch weit von unserem Standort entfernt sein (und möglicherweise in einem anderen Klima). Haben wir jedoch das Grundverhalten von Wind und Wetter vor Augen, so ist es leichter, Lücken zu füllen und die mögliche Entwicklung in unserem eigenen Gebiet vorauszusehen.

Die Instrumente

Sei er Schiffsführer eines großen oder kleinen Fahrzeuges: In jedem Fall will der Seemann wissen, aus welcher Richtung der Wind wehen wird. Er will informiert sein über seine Stärke und Richtung, deren mögliche Änderung, Seegang und Sichtweite und wie lange der Wind wohl durchstehen wird.
Zu diesem Zweck sollte er befähigt sein, die Vorhersagen aus dem Radio (die sich vielleicht auf ein anderes Gebiet beziehen) durch eigene Beobachtungen zu ergänzen, um eine „Wetterschablone" seiner Umgebung entwickeln zu können.
Wenn zum Beispiel auf hoher See Sturm herrscht, muß er versuchen, soviel wie möglich über wahrscheinliche örtliche Veränderungen herauszufinden, um entscheiden zu können, ob er dem Sturm durch Kursänderung aus dem Wege gehen kann oder ob er ausharren soll (oder muß), um ihn abzureiten.
Heutzutage steht ihm dafür eine ganze Reihe verschiedener Hilfsmittel zur Verfügung. Neben dem Radio hat er seine fünf Sinne, die nicht zu unterschätzen sind. Hat man das ungute Gefühl, daß schlechtes Wetter im Anzug ist, sollte man nicht darüber hinweggehen: Hier zeigt sich ein Instinkt, der allen Lebewesen eigen ist und der den Wetterberichten aus dem Radio Millionen Jahre voraus hat. Schon nach kurzer Zeit auf der sauberen See, nachdem Geist und Sinne vom Sud und allen Oberflächlichkeiten der Zivilisation gereinigt sind, wird man erfahren, daß dieser Instinkt nur selten trügt. Jede Möwe bestätigt das.
Zusätzlich steht uns eine Anzahl mehr oder weniger moderner technischer Hilfsmittel zur Verfügung. Wir wollen uns kurz mit ihnen beschäftigen.
Kompaß: Zur Ermittlung der Windrichtung, deren Änderung – und des günstigsten Kurses, um Schwierigkeiten aus dem Wege zu gehen.
Radio: Den Wetterbericht sollte man anhören. Seine Vorhersage dürfte „akademischer" als unsere Privatdiagnose sein. Man schreibe ihn mit, damit man sich nach fünf oder zehn Minuten vergewissern kann, daß es Nordwest und nicht Nordost hieß. Selbst auf hoher See kann ein Wetterbericht über ein Hunderte von Meilen entfernt liegendes Gebiet von größtem Wert für unsere „lokale" Vorhersage sein. Er ist natürlich niemals unfehlbar. Mehr als nur einmal habe ich es erlebt, daß, während ich einen höchst ungemütlichen Sturm über mich ergehen lassen mußte, jene wohltönende Stimme versicherte, daß „leichte bis mäßige Winde" zu erwarten seien. Trotz allem hat der Radiosprecher, wie

schon erwähnt, Zugang zu Informationen, die ihm einen weit größeren Überblick ermöglichen. Eben deshalb sollte man auf ihn hören.
Das Radio sollte möglichst die Grenzwelle empfangen können. Eine Liste entsprechender Stationen und ihrer Sendezeiten sollte an Bord sein. Außerdem vermerke man die Landessprache – es ist so viel leichter, wenn man versteht, was der Herr einem vorliest.
Wecker: Muß an Bord jedes kleinen Schiffes sein. Zur Erinnerung, damit man den Wetterbericht nicht verpaßt – und für hundert andere Gelegenheiten.
Barometer: Ein „Muß". Auf einem kleinen Schiff ist ein Quecksilber-Barometer zu unhandlich. Ein Aneroid-Barometer ist besser, ein Barograph jedoch das Allerbeste. Benutzt man einen solchen, hängt man ihn mit kurzen Enden wie in einer Wiege auf oder polstert ihn gegen Stöße ab, sonst reagiert er seismographisch auf jede Stampfbewegung.
Das Barometer ist das eigentliche Instrument für die Wettervorhersage.
Jedes Gebiet hat seine barometrischen Eigentümlichkeiten. Im Rahmen dieses Buches ist es jedoch nicht möglich, auf diese lokalen Besonderheiten einzugehen. Das Seehandbuch verrät, wie sie zu verstehen sind, doch können einige allgemeine Regeln nur von Nutzen sein.
Die meisten von ihnen sind uns in Form etwas altertümlicher Verse überliefert worden, was allerdings den Vorteil hat, daß man sie leichter behält. Ich habe ein paar eigene Schöpfungen in etwas modernerer Aufmachung hinzugefügt.

At sea with a low and falling glas	Nur'n Greenhorn schläft bei tiefem Glas, das immer noch fällt,
The greenhorn sleeps like a careless ass	Wie ein Esel und vergißt die Sorgen der Welt.
But when the glass is high and risin'	Doch ist das Glas hoch, und steigt es noch mehr,
Soundly sleeps the careful wise'un.	Schläft der vorsichtige Mann sehr tief – aber sehr.
High an steady? – Sleep at rest.	Hoch und beständig? – Schlaf ruhig ein.
Sea will be flat as a typist's chest.	Die See wird platt wie 'ne Tippsen-Brust sein.
Long foretold – long last.	Lang vorhergesagt – das dauert lange Zeit.

Soon foretold – soon past.	Kurz vorhergesagt – bald schon Vergangenheit.
Low and steady? You can bet Wind and sea are hand in glove. The gale will last a good while yet. Oh for the wings of a dove.	Tiefes Glas an gleicher Stelle, Wind und See: ein Spießgeselle. Der Sturm wird lange sein und schwer. Oh, wenn ich doch ein Vöglein wär!
First rise after low fall Brings the strongest blast of all.	Erstes Steigen nach tiefem Fallen Bringt den stärksten Puster von allen.

Natürlich soll man keinen dieser Verse für bare Münze nehmen – doch sie zeigen den allgemeinen Trend auf, und auf hoher See kann man sich einigermaßen auf sie verlassen. In Landnähe kann es allerdings ganz anders aussehen. Wo ich zum Beispiel großgeworden bin, bilden zwei parallele Bergzüge eine Düse, in der an Sommernachmittagen häufig ein als „Kap-Doktor" bekannter Wind entsteht, der ohne Vorwarnung aus wolkenlosem Himmel herabfegt und sich manchmal innerhalb weniger Minuten bis zu 11 Windstärken steigern kann – wobei der Barograph lediglich eine exakte, gerade Linie zeichnet; und das alles nur wegen dem bißchen Land. Man denke also daran, daß das Barometer die Wettertendenz so beurteilt, als gäbe es keine die klare See verunzierenden Erdhöcker.

Thermometer: Ein Luftthermometer ist billig und kann von Nutzen sein. Leider hat es keinerlei Einfühlungsvermögen, und wenn es unter Deck hängt, wird es beharrlich die dortige Temperatur anzeigen.

Ein Wasserthermometer ist äußerst nützlich. Es wird jedenfalls fast immer Aufschluß darüber geben, ob man sich gerade inner- oder außerhalb einer bestimmten Strömung befindet.

Elektronische Windmeßanlagen sind zwar heute auf Regattabooten selbstverständlich, der Fahrtensegler jedoch kann darauf verzichten, zumal unter Hurrikan-Bedingungen, falls sie diese überhaupt überstehen. Ihr einziger Wert für ihn besteht darin, daß er sich später im Club mit einer entsprechenden Windstärke brüsten kann, die er in ach so unübertrefflicher Weise gemeistert hat.

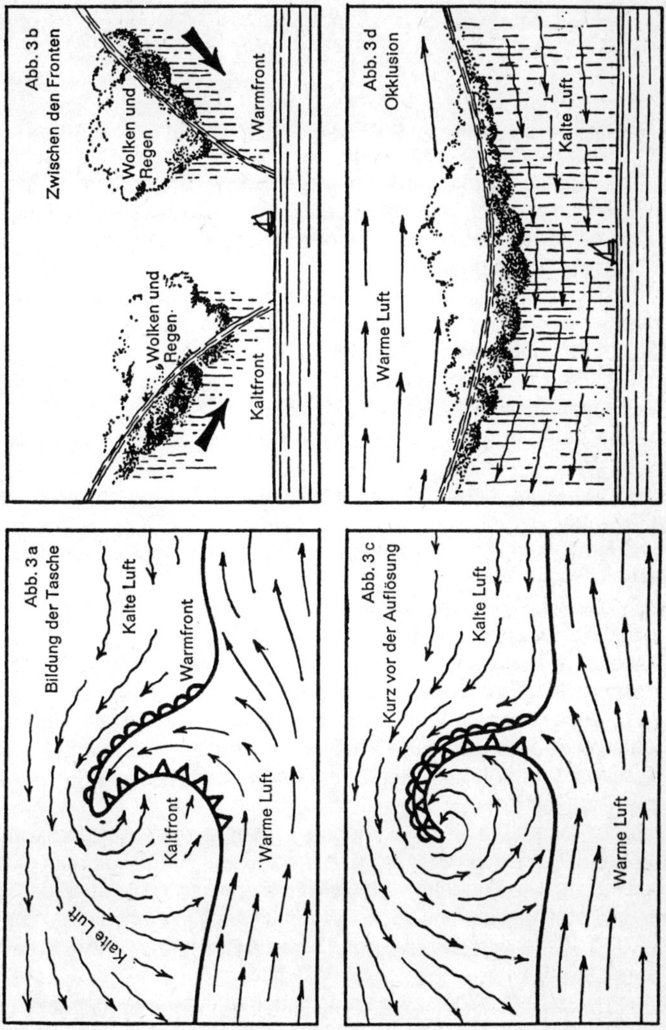

Abb. 3 Eine Depression

Hochs und Tiefs

Ein Buch über die Theorie und Praxis der Wettervorhersage würde umfangreicher sein als das hier vorliegende. Für den, der mehr über dieses fesselnde Gebiet wissen möchte, werden verschiedenste Bücher angeboten. In diesem Kapitel müssen wir uns auf ein Konzentrat beschränken, das uns befähigen soll, die wahrscheinliche Wettertendenz vorherzusagen, womit der Fahrtensegler schon mehr als zufrieden sein kann.

Ein Großteil unseres Wetters, sei es gut oder schlecht, erreicht uns in Form großer, annähernd kreisförmiger Windsysteme, bei denen Luft um ein Zentrum hohen oder tiefen Luftdruckes kreist (Abb. 3).

Herrscht im Zentrum niedriger Druck, bezeichnet man das System als Zyklone, auch Tief oder Depression genannt.

Herrscht im Zentrum hoher Druck, nennt man das System Antizyklone oder Hoch.

Auf der nördlichen Halbkugel kreist der Wind um ein Tief gegen, um ein Hoch im Uhrzeigersinn.

Auf der Südhalbkugel kreist er um ein Tief im, um ein Hoch gegen den Uhrzeigersinn.

In beiden Hemisphären weht der Wind spiralförmig zum tieferen Druck, das heißt in ein Tief hinein und aus einem Hoch heraus.

Der Winkel zwischen Windrichtung und Zentrum des Tiefs beträgt 10 bis 20°.

Kennzeichen eines Hochs: Normalerweise schönes Wetter, wenig Wind, zum Rand hin jedoch zunehmend. Das System wandert in der Regel langsam weiter, doch kann es auch festliegen. Wo es auf ein anderes System stößt, kann es zu unsicherem Wetter mit Wolken, Wind und Regen kommen. Ein Hoch neigt dazu, stabil zu sein.

Kennzeichen eines Tiefs: Zunehmende Wetterverschlechterung vom Rand zum Zentrum. Zuggeschwindigkeit unterschiedlich, doch allgemein größer als die eines Hochs. Die Zugbahn verläuft normalerweise in Richtung des nächstgelegenen Gebietes tiefsten Drucks. Wenn dieser Weg erst einmal über zwölf Stunden beibehalten worden ist, ändert sich die Richtung, wenn überhaupt, nur noch langsam.

Entstehen eines Tiefs: Wenn zwei verschiedene Luftströmungen aufeinandertreffen, bildet sich eine Grenzlinie, die man Front nennt (Abb. 3 a). Entlang die-

ser Linie vermischen sich die Strömungen stellenweise miteinander, wobei die warme Luft eine „Tasche“ in die kältere vorschiebt. Und während sie diese gleichzeitig überwandert, bildet sich am Taschenansatz eine Tiefdruckzone (Abb. 3 b). Dorthin fließende Luft wird durch die Erddrehung nach Osten abgelenkt, wodurch ein System um ein Zentrum niedrigen Druckes wehender Winde entsteht – mit anderen Worten ein Tief.
Die zu einer Kreisbewegung gezwungene kalte Luft „nagt“ an der sie überfließenden warmen, wodurch die Tasche allmählich eingeengt wird. Diese „Angriffszone“ nennt man Kaltfront (Abb. 3 b).
Die gegenüberliegende Seite, auf der die warme Luft die kalte bedrängt und sie überfließt, nennt man Warmfront.
Nach entsprechender Zeit erreicht die Kaltfront die Warmfront, und sämtliche warme Luft wird nach oben verdrängt. Man spricht von einer Okklusion, die sich daraufhin auflöst, weil die warme Luft die eigentliche Energiequelle war (Abb. 3 c und 3 d).
Das ganze Gebilde bewegt sich entlang der ursprünglichen Front mit einer Geschwindigkeit zwischen 10 und 70 kn.
So haben wir denn einen Eindruck vom Leben und Sterben eines Tiefdruckgebietes bekommen, dem vor allem wir unser schlechtes Wetter zu verdanken haben.

Hurrikane, Zyklone und Taifune

Verschiedene Bezeichnungen derselben Sache – eines tropischen Wirbelsturms. Sie entstehen in tropischen Zonen als gewaltige Wirbel um ein Zentrum niedrigen Drucks. Bis zu diesem Punkt gleichen sie einem normalen Tief. Außerdem gehorchen sie dem Prinzip der kreisförmig in das Tief hineinströmenden Winde (gegen den Uhrzeigersinn nördlich, mit ihm südlich des Äquators). Ihren Ursprung scheinen sie nicht in benachbarten Fronten kalter und warmer Luft zu haben; vielmehr liegt dieser in einer nicht vollständig aufgeklärten Konvektionswirkung. Sieht man von Wasserhosen (Tornados) ab, bringen sie die härtesten Winde hervor, denen man auf See begegnen kann. Über viele Jahre ist ihr Verhalten studiert worden, so daß wir eine ziemlich klare Vorstellung von den Gesetzen haben, denen sie unterliegen. Glücklicherweise sind sie jahreszeitlich bedingt und wählerisch bezüglich ihres Wirkungsbereiches. Wenn man sich nicht mit ihnen einlassen will, hält man also während der kritischen Zeit gut frei von ihren bevorzugten Gegenden. Man sollte ihnen möglichst in jedem Fall aus dem Wege gehen, wobei die folgenden Definitionen, Voraussagen und Regeln behilflich sein sollen.

Saisons der Wirbelstürme

Westindische Gewässer: Juni bis November, vor allem im September.
Indischer Ozean südlicher Teil: Oktober bis Juni, vor allem von Dezember bis April.
Chinesisches Meer: Während des ganzen Jahres, vor allem im Oktober.
Arabisches Meer: April bis Januar, vor allem im Juni, Oktober und November.
Golf von Bengalen: Mai bis Dezember, vor allem im Dezember.
Süd-Pazifik: Dezember bis April, vor allem von Januar bis März.
Nord-Pazifik: Während des ganzen Jahres, vor allem von Juli bis Oktober.

Einige Definitionen

Wirbel, Zentrum oder Auge: Ein vergleichsweise ruhiges Gebiet im Zentrum des Sturms. Durchschnittlich soll es einen Durchmesser von 8 sm haben bei

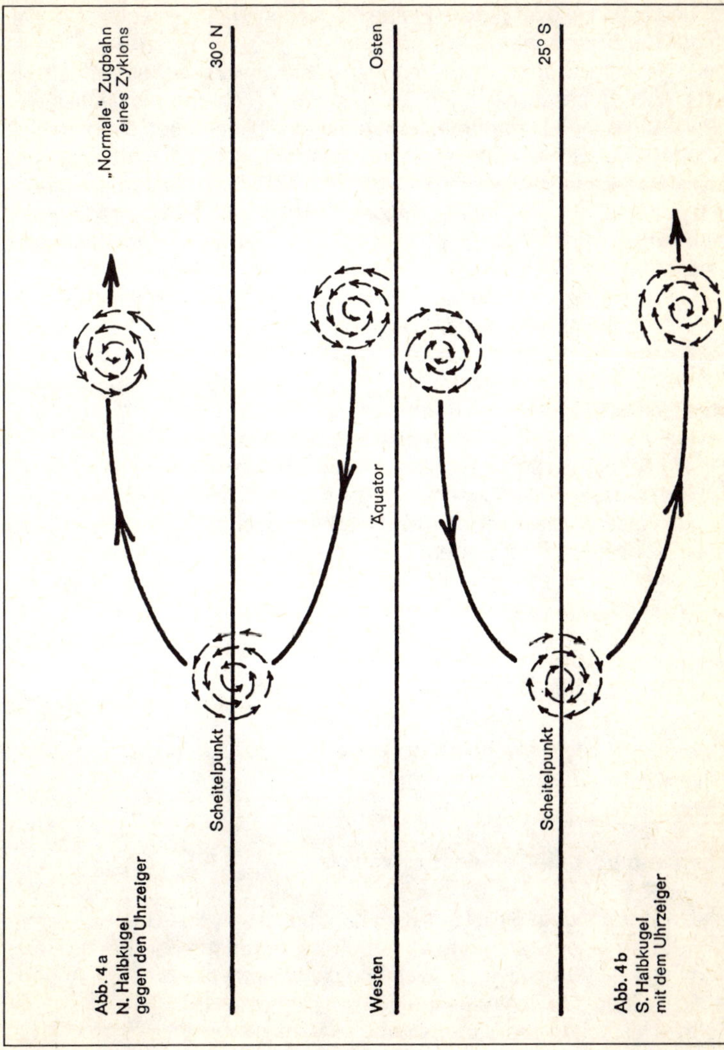

Abb. 4 „Normale" Zugbahn eines Zyklons

leichten, wechselnden oder gar zur Flaute neigenden Winden, begleitet jedoch von gefährlicher Kreuzsee.
Zugbahn: Die vom Sturmsystem verfolgte Richtung. Zunächst verläuft sie westwärts (Abb. 4), beschreibt dann einen Bogen in Richtung des nächstgelegenen Pols, um dann einen nordöstlichen (Nordhalbkugel) beziehungsweise südöstlichen Kurs (Südhalbkugel) einzuschlagen. Nicht alle Zyklone gehorchen dieser Regel; manche weisen im Verlauf ihrer Bahn sprunghafte Kursänderungen auf. Im Golf von Bengalen hingegen soll die Zugbahn gerade sein.
Scheitelpunkt: Der westlichste vom Zentrum erreichte Punkt, bevor der Zyklon nach Osten zurückschwenkt.
Rechte Hälfte: Die vom Beobachter aus rechts liegende Hälfte des Systems, bei mit der Zugbahn gleichlaufender Blickrichtung.
Linke Hälfte: Vom Beobachter aus links liegende Hälfte des Systems bei mit der Zugbahn gleichlaufender Blickrichtung.
Schiffbare Hälfte: Die Hälfte des Sturmsystems, die *der* Seite der Zugbahn gegenüberliegt, nach der es normalerweise zurückschwenkt.
Trog: Eine Linie, die im rechten Winkel zur Zugbahn durch das Zentrum läuft.
Gefährlicher Quadrant: Der Quadrant, in dem ein Fahrzeug Gefahr läuft, zur Zugbahn hin versetzt zu werden. Auf der Nordhalbkugel ist es der vordere rechte, auf der Südhalbkugel der vordere linke Quadrant.
Zyklone entstehen zu beiden Seiten des Äquators zwischen dem 10. und 20. Breitengrad. Das Sturmsystem kann einen Durchmesser von mehr als 1000 sm haben, wobei im Bereich zwischen 5 bis 65 sm orkanartige Winde spiralförmig zum Zentrum wehen.
Die Zuggeschwindigkeit beträgt anfangs 6 bis 8 kn, kann sich später aber bis zu 50 kn steigern.
Der Scheitelpunkt liegt gewöhnlich bei etwa 30° nördlicher beziehungsweise 20° südlicher Breite (Abb. 4).

Anzeichen und Vorboten eines Hurrikans

- Unerklärliche Dünung: Sie ist aus dem Zentrum des Zyklons heraus gerichtet und bis zu einer Entfernung von 1000 sm wahrnehmbar. Bei größerer Entfernung als 200 sm stellt die Richtung der Dünung die sicherste Angabe über die Peilung des Zentrums dar.
- Abnormes Verhalten des Barometers.

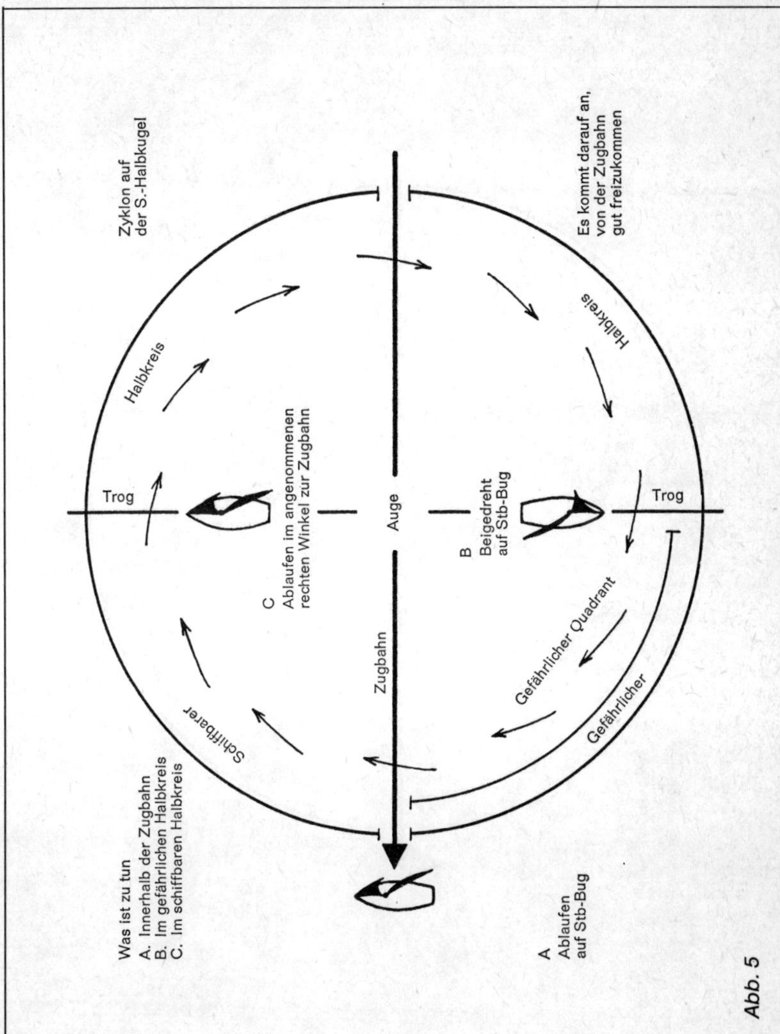
Zyklon auf
der S.-Halbkugel
Es kommt darauf an,
von der Zugbahn
gut freizukommen
Halbkreis
Halbkreis
Trog
Trog
Auge
Zugbahn
C
Ablaufen im angenommenen
rechten Winkel zur Zugbahn
B
Beigedreht
auf Stb-Bug
Gefährlicher Quadrant
Gefährlicher
Schiffbarer
Was ist zu tun
A. Innerhalb der Zugbahn
B. Im gefährlichen Halbkreis
C. Im schiffbaren Halbkreis
A
Ablaufen
auf Stb-Bug

Abb. 5

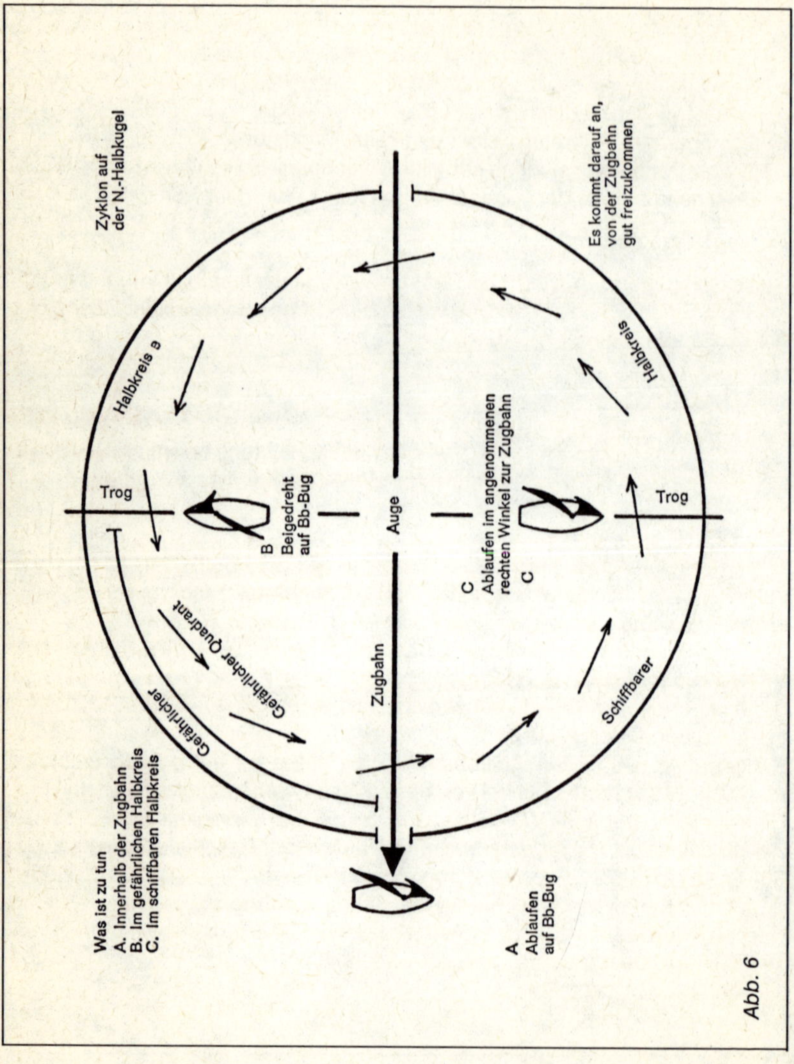
Zyklon auf
der N.-Halbkugel
Es kommt darauf an,
von der Zugbahn
gut freizukommen
Halbkreis a
Halbkreis
Trog
Trog
B
Beigedreht
auf Bb-Bug
Auge
C
Ablaufen im angenommenen
rechten Winkel zur Zugbahn
C
Gefährlicher Quadrant
Gefährlicher
Zugbahn
Schiffbarer
Was ist zu tun
A. Innerhalb der Zugbahn
B. Im gefährlichen Halbkreis
C. Im schiffbaren Halbkreis
A
Ablaufen
auf Bb-Bug

Abb. 6

- Unnatürlich greller oder auch bleierner, fahler Himmel; anfangs mit hohen Cirruswolken, die strahlenförmig vom Zentrum ausgehen.
- Schwüle, beklemmende Atmosphäre; ungutes Gefühl.
- Ungewöhnlich hektisches Verhalten der Seevögel.
- Schlagartiges Auftreten heißer und kalter Windstöße.
- An der Peripherie: niedrige geballte Wolkenbank in Richtung des Zentrums. Rasche Zunahme der Windstärke und Blitze über dem Horizont.

Wo liegt das Zentrum?

Stelle dich gegen den Wind. Das Zentrum wird auf der Nordhalbkugel zwischen 12 und 8 Strich (135 bis 90°) zur Rechten beziehungsweise auf der Südhalbkugel zur Linken liegen.

In welcher Hälfte befinden wir uns?

Stelle dich gegen den Wind. Dreht er nach rechts, sind wir in der rechten Hälfte, dreht er nach links, in der linken. Behält er seine Richtung bei, nimmt jedoch an Stärke zu, liegen wir geradewegs in der Bahn des Sturms.

Wie verhalten wir uns?

Liegen wir in der Bahn des Sturms, laufen wir auf der Nordhalbkugel auf Backbordbug beziehungsweise auf der Südhalbkugel auf Steuerbordbug raumschots im rechten Winkel zur angenommenen Zugbahn ab (Abb. 5).
Befinden wir uns im gefährlichen Quadranten, segeln wir am Wind im rechten Winkel zur angenommenen Zugbahn von ihr weg. Können wir nicht mehr gegenan, drehen wir auf der Nordhalbkugel auf Backbordbug, auf der Südhalbkugel auf Steuerbordbug bei.
Befinden wir uns in der schiffbaren Hälfte, laufen wir auf der Südhalbkugel raumschots im rechten Winkel von der angenommenen Zugbahn weg.
Ein normales Tief kann Winde bis zu 100 kn Geschwindigkeit entwickeln, ein Zyklon solche bis 150 kn, während eine Wasserhose Geschwindigkeiten bis zu 300 kn erreicht. Letztere spielt sich jedoch auf kleinem Raum ab (200 bis 300 m) und ist nur von kurzer Dauer (wenige Minuten). Von einer Wasserhose erfaßt zu werden, wäre höhere Gewalt. Daher wird dieser Fall in diesem ebenso wie in allen Büchern, die ich kenne, nicht behandelt.

Der Wind

Wind allein vermag ein kleines Schiff kaum außer Gefecht zu setzen. Ist man unglücklicherweise oder durch eigenes Verschulden in eine Bö geraten, die Orkanstärke erreicht, büßt man vielleicht ein paar Segel, schlimmstenfalls den Mast ein, doch abgesehen davon ist ein gutes kleines Schiff, das keine Segel mehr führt und auf dem alles sicher verzurrt ist, vor Windschäden sicher. Theoretisch kann ein Tornado oder eine Windhose natürlich ausreichende Windstärken entwickeln, um massives Holz zu brechen, doch habe ich nie von einem derartigen Fall gehört. Jede Diskussion darüber ist jedenfalls sinnlos. Wenn man tatsächlich so einen Sturm erlebt, bleibt einem nichts anderes übrig, als das Vaterunser zu beten.

Die Beaufort-Skala unterteilt den Wind in Stärken von 0 (Stille) bis 12 (über 64 kn), wobei die zweite Angabe Orkan bedeutet.

Man neigt dazu, die Windstärke zu überschätzen

- bei Nacht,
- wenn Wind gegen starken Strom steht,
- bei schwerer See,
- am Wind,
- wenn man müde, naß, kalt und hungrig ist.

Unterschätzt wird die Windstärke seltener, doch kann dieses unter Umständen gefährlich werden. Gewöhnlich geschieht das auf raumen Kursen und wenn Wind und Strom ein und dieselbe Richtung haben.

Die von den Wellen hervorgerufene Reibung bewirkt, daß die Windstärke an der Wasseroberfläche geringer ist, als sie von nahegelegenen Wetterstationen angegeben wird, deren Instrumente immer hoch und frei installiert sind.

Hindernisse wie Hügel und Berge können unangenehme Böen hervorrufen; deshalb halte man gut Ausschau nach Fallböen, die in einem Winkel von steilen Berghängen herabfegen und ihre Wirkung bei zunehmender Krängung verstärken. Ebenfalls in Landnähe kann man wirbelwindartigen Erscheinungen begegnen – Miniwasserhosen, die Schaum aufwirbeln wie aufgebrachtes Geistervolk. Man nimmt ihnen ihre Wirkung, indem man Segel birgt oder kürzt.

Eine Wasserhose ist entgegen landläufiger Meinung keine kompakte Wassersäule. Es handelt sich dabei um einen winzigen Windwirbel von solcher Stärke, daß Gischt und Wasserstaub von der Wasseroberfläche gerissen und hochge-

wirbelt werden. Der Schauplatz ist klein – etwa 200 bis 250 m –, und sie halten kaum länger als eine Minute an, doch können sie erheblichen Schaden anrichten. Sicher reichen mehrere Menschenalter nicht aus, um es auch nur mit einer zu tun zu bekommen.
Entsprechend gekürzte Segel kann man bis etwa Windstärke 11 fahren; doch sind die dann wirksamen Kräfte so groß, daß selbst ein winziges Segel eine enorme Belastung für das ganze Schiff bedeutet. Und wenn sich bei Windstärke 11 und darüber ein Segel selbständig macht, ist das sicher kein Vergnügen mehr.
Springt man ohne Fallschirm aus einem Flugzeug, so wird man – unabhängig von der Tiefe des Falls – niemals mit größerer Geschwindigkeit als 190 km/h auf dem Boden aufschlagen, da dann der Luftwiderstand des Körpers eine weitere Beschleunigung verhindert. Kommt eine Bö mit einer Geschwindigkeit von 190 km/h daher, während wir an Deck stehen, so können wir ziemlich sicher sein, daß wir über Bord geweht werden.
Vieles hängt von den Umständen ab, doch muß man im allgemeinen damit rechnen, daß selbst bei günstigsten Verhältnissen bei Winden über Stärke 11 eine längere oder sinnvolle Betätigung nicht mehr möglich ist.
Bei noch darüberliegenden Windgeschwindigkeiten verliert man jede eigene Kontrolle. Die Lehre daraus ist klar: Man treffe die richtige Entscheidung und mache die falsche rückgängig, bevor die Verhältnisse es gefährlich oder unmöglich machen. Auf den folgenden Seiten werden wir diesem Gebot noch mehrmals begegnen.

Beaufort-Skala

Stärke	Mittlere Windgeschwindigkeit in kn	Obere und untere Grenze der Geschwindigkeit in kn	in m/s	Bezeichnung
	Wind bei 10 m über Meeresspiegel			
0	0	< 1	< 0,2	Windstille
1	2	1– 3	0,3– 1,5	Leiser Zug
2	5	4– 6	1,6– 3,3	Leichte Brise
3	9	7–10	3,4– 5,4	Schwache Brise
4	13	11–15	5,5– 7,9	Mäßige Brise
5	18	16–21	8,0–10,7	Frische Brise
6	24	22–27	10,8–13,8	Starker Wind
7	30	28–33	13,9–17,1	Steifer Wind
8	37	34–40	17,2–20,7	Stürmischer Wind
9	44	41–47	20,8–24,4	Sturm
10	52	48–55	24,5–28,4	Schwerer Sturm
11	60	56–63	28,5–32,6	Orkanartiger Sturm
12	–	≧ 64	≧ 32,7	Orkan

Anmerkung:
1. *Beachte, daß es nachts kaum möglich ist, die Windstärke nach dem Wellenbild zu beurteilen.*
2. *Die Verzögerung zwischen Windzunahme und entsprechender Zunahme der See muß beachtet werden.*
3. *Fetch, Wassertiefe, Dünung, Sturzregen und Gezeiteneinflüsse sind bei der Windschätzung nach dem Wellenbild zu berücksichtigen.*

Stärke	Wellenbild	Mögliche Wellenhöhe in m*	Mögliches Maximum der Wellenhöhe in m
0	Spiegelglatte See		
1	Kleine schuppenförmige Kräuselwellen ohne Schaumkronen	0,10 m	0,10 m
2	Ausgeprägtere kurze Wellen, Schaumköpfe glasig, Kämme brechen noch nicht	0,15 m	0,30 m
3	Kämme beginnen überzukippen, vereinzelte Schaumkronen	0,50 m	1,00 m
4	Wellen werden länger, verbreitet Schaumkronen	0,75 m	1,50 m
5	Wellen ausgeprägter und länger, Schaumkronen	1,80 m	2,50 m
6	Wellen höher, größere Schaumflächen, möglicherweise schon Gischt	3,00 m	4,00 m
7	See türmt sich, Schaum legt sich in Streifen zur Windrichtung	4,00 m	6,00 m
8	Mäßig hohe Wellen, doch länger werdend, Kanten der Schaumkronen verwehen zu Gischt	5,50 m	7,50 m
9	Hohe Wellen, Schaum in dichten Streifen zur Windrichtung. Das „Rollen" der See beginnt, mögliche Sichtbeeinträchtigung durch Gischt	6,50 m	10,00 m
10	Sehr hohe Wellen mit langen überstürzenden Kämmen, sehr große Schaumflächen, See erscheint im ganzen weiß, heftiges, stoßartiges Rollen der See, Sicht beeinträchtigt	9,00 m	12,50 m
11	Wellen so hoch, daß kleinere bis mittelgroße Schiffe zeitweilig aus Sicht voneinander kommen. See völlig mit streifigem Schaum bedeckt, die Kanten der Schaumkämme zerstieben zu Gischt, schlechte Sicht	11,00 m	16,00 m
12	Luft erfüllt von Schaum und Gischt, See vollständig weiß, sehr schlechte Sicht	14,00 m	–

* Diese Zahlen sollen Anhaltspunkte geben, was auf offener See zu erwarten ist. In Küstengewässern, auch bei ablandigem Wind, sind die Wellen niedriger, aber steiler. Das mögliche Maximum der Wellenhöhe wird etwa von jeder 10. Welle erreicht.

Die Wellen

Die See steht uns feindlich gegenüber – hartnäckig und unaufhörlich sucht und findet sie jeden wunden Punkt unserer Verteidigung. Ein großer Teil dieses Feldzuges spielt sich in aller Stille ab: das langsame Dahinrosten eines Eisennagels, der aus Kupfer hätte sein müssen; das unauffällige Ermüden eines fehlerhaften Kielbolzens; die leisen kleinen Drehungen, die den Schäkelbolzen lösen, den man hätte sichern müssen. Dieser Art Angriff kann und muß man begegnen, vor allem durch den täglichen Fünf-Minuten-Check, der so viel wichtiger ist als die jährliche Generalüberholung.
Die vom Wind aufgereizte See antwortet mit ihren Sturmtruppen: Seen und Brechern. Sorgfältige Instandhaltung allein kann dagegen nichts ausrichten. Dann gilt es zu handeln, sich seiner Haut zu wehren, Ausschau zu halten und manchmal zum Gegenangriff überzugehen.
„Ich liebe die See!" Wie oft schon hat man dieses Bekenntnis gehört. Liebe alte Damen auf der Uferpromenade, magenleidende Geschäftsleute an Bord von Kreuzfahrtschiffen, blasse Büroangestellte, die des Sonntags die Kaianlagen heimsuchen, sonnenverbrannte Bauern aus staubigem Binnenland – sie alle hegen eine Liebe für die See, einfach und voller Tiefe. Der Berufsseemann dagegen hat ein weit komplizierteres Verhältnis zu seinem Element.
Er fühlt sich berufen, zur See zu fahren. Er ringt ihr seinen Lebensunterhalt ab, erforscht ihre Oberfläche und ihre Tiefen, wobei er sich Tag und Nacht ihrer Gewalt bewußt ist. Er ist wie ein Löwenbändiger, der eine Kraft kontrolliert, die größer ist als seine eigene, und der weiß, daß ständige Aufmerksamkeit der einzige Schutz ist.
Doch auch ihn nimmt die See gefangen. Wenn er sich als alter Mann gezwungen sieht, an Land zu bleiben, wird ihm diese Lebensweise keinerlei Ersatz für die ständige Herausforderung der See bieten können.
Zuneigung behält sich der Seemann für die Schiffe vor, wobei er niemals übersieht, daß die See sie alle einmal zu sich nimmt. Wenn er sich über seine Gefühle äußern sollte, würde er die See vielleicht als verführerisches, launisches, treuloses Weibsbild bezeichnen.
Wir wollen unseren Feind näher kennenlernen. Wenn Wind über Wasser streicht, entstehen Wellen. Lassen wir einmal offen, warum das so ist. Doch die Wellen sind da, und zwar sind sie komplizierter als man denkt. Die Gelehrten

Anmerkung:
Bei einem Vorkantenwinkel von über 18° bildet sich eine Schaumkrone.
Die Welle bricht, wenn die Vorkante einen Winkel von 90° übersteigt.

Wellen
(etwa maßstabgerecht)

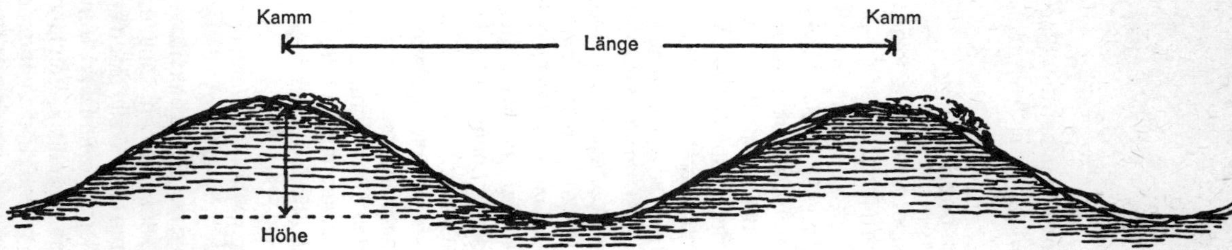

„Periode", die Zeit in der zwei aufeinanderfolgende Kämme einen gegebenen Punkt durchlaufen

$$\text{Marschgeschwindigkeit} = \frac{\text{Wellenlänge}}{\text{Periode}}$$

Abb. 7

haben sie in natura und in Tankversuchen untersucht. Was sie herausgefunden haben, ist für den Segler weniger nützlich als interessant.

Einige Definitionen, Fakten und Theorien

Wellenlänge: Die Distanz zweier aufeinanderfolgender Wellenkämme (Abb. 7). Ein gewisser Kapitän Mottez maß eine Länge von 900 m, die bis heute nicht übertroffen wurde.
Wellenperiode: Die Zeit, in der zwei aufeinanderfolgende Kämme einen Punkt durchlaufen. Länge geteilt durch die Periode ergibt die Marschgeschwindigkeit der Wellen. Kapitän Mottez gibt für seine Welle eine Periode von 25 Sekunden an, doch behauptet ein Herr Bertin, daß 24 Sekunden bei einer Länge von 1200 m wahrscheinlich das Maximum darstellen. In der Praxis beläuft sich die Wellengeschwindigkeit im Durchschnitt auf etwa 30 kn.
Wellenhöhe: Der senkrechte Abstand von der Talsohle bis zum Kamm. Die maximale Höhe scheint von der Beurteilung des Beobachters abhängig zu sein, selbst unter Fachleuten. Arago zum Beispiel glaubt, bei etwa 8,50 m liege die Grenze; die amerikanische Luftwaffe besitzt die Aufnahme einer Orkansee, deren Höhe auf 33 m geschätzt wird. Der Autor hat auf der Agulhas-Bank (Südafrika) Wellen gesehen, die sicher höher als 13 m waren. Allgemein wird angenommen, daß die maximale Grenze bei etwa 17 m liegt.
Es muß jedoch gesagt werden, daß diese Werte nur für Wellen gelten, die einem gleichmäßig ausgerichteten System entstammen, und fast alle Beobachter sind sich darüber einig, daß diese Höhe beträchtlich überschritten werden kann, wenn es sich um Kreuzseen handelt (die häufig vorkommen).
Windwirkstrecke (Fetch): Die Strecke freien Seeraums, über die der Wind einwirken kann. Nach Stevensons Formel gilt:

$$\text{Wellenhöhe in Fuß} = \sqrt{1{,}5 \cdot \text{Fetch in sm}}$$

Die Welle selbst, nicht das Wasser bewegt sich, dessen einzelne Teilchen zwar eine kreisförmige Bewegung beschreiben, sonst aber an einem Punkt verharren. Überschreitet die Vorkante einer Welle einen Winkel von 18°, bildet sich eine Schaumkrone, die nach vorne geweht wird. Verringert sich die Wassertiefe auf weniger als etwa die halbe Wellenlänge, stolpert die Welle gewissermaßen über den Grund; sie nimmt an Höhe zu, die Vorkante wird steiler, und wenn diese 90° überschreitet, bricht der Kamm in das vorangegangene Wellental – weshalb uns selbst eine kleine Welle arg zusetzen kann.

Wellen, die gegen den Strom laufen, sind steiler und kürzer als solche, die mit ihm gehen; man werfe einen Stein in einen Fluß und bilde sich sein Urteil – es hat erhebliche praktische Bedeutung.
Normale Tiefwasserseen neigen kaum dazu, einem soliden, gut geführten kleinen Schiff gefährlich zu werden. Sie mögen ehrfurchtgebietend aussehen, doch enthält ihr Kamm lediglich gischtendes Wasser ohne zerstörende Kraft. Eine See wird erst dann gefährlich, wenn ihre Vorkante steiler wird und der Kamm bricht (bei flacher werdendem Wasser, wenn ein Schiff zu schnell vor der See läuft oder bei Störwirkung anderer Wellen).
Die eigentlichen Unholde sind die gelegentlichen Riesenseen – hinterhältige Kaventsmänner. Mit ihnen beschäftigt sich das nächste Kapitel.
Selbst Sturmseen lassen uns ungeschoren, wenn wir uns ihnen nicht widersetzen und ihre Bahn nicht stören. Geschieht dieses doch und finden sie irgendeinen Angriffspunkt, entwickeln sie enorme Kräfte. 30 t schwere Steinklötze können versetzt, Stahlplatten verdreht werden, als bestünden sie aus dünnstem Blech; allgemein wird alles durcheinandergewirbelt und in Stücke gerissen. Dazu noch folgende Bemerkung: „Die explosive Kraft und Luft, die beim Brechen eines Kammes eingeschlossen und komprimiert wird, kann ernsthaften Schaden anrichten, wenn eine solche See bricht und an Deck eines Schiffes stürzt" (Kent).
Dem Neuling kommt sicher alles wie ein Glücksspiel vor – jedoch eine zerbrechliche elektrische Birne wird den schlimmsten Orkan unbeschädigt überstehen. Der Segler weiß, daß das nachgebende Schilfrohr nicht bricht; sein Leitgedanke ist, den Schlag aufzufangen und List gegen Gewalt zu stellen. Er weiß, daß sich Ingrimm an passivem Widerstand totläuft und daß derjenige, der sich zwar wehrt, aber doch schließlich weicht, immerhin die Chance behält, sich einem erneuten Kampf zu stellen.

Die See aller Seen

Es gibt noch andere Bezeichnungen dafür: „Monstersee", „abnorme See" oder „katastrophale See". Wir müssen uns darunter eine Welle vorstellen, die in Höhe und Gestalt in der Weise von der Norm abweicht, daß sie Schiffen aller Größe in besonderem Maß gefährlich wird. Es besteht kein Zweifel über die Existenz solcher Wellen, obwohl man mit ein bißchen Glück ein Leben auf See verbringen kann, ohne einer zu begegnen.

Normalerweise entstehen sie in hohen Breiten sowie den tropischen Wirbelsturmzonen, und so manche Tragödie „Verschollen auf See" mag auf ihr Konto gehen.

Ich selbst habe nur einmal eine solche Welle gesehen, wobei ich mich glücklicherweise nicht auf See befand, sondern auf einem Felsen am Strand bei Kap Hangklip in Südafrika. Es herrschte Sturm, in dessen Gefolge sich eine gewaltige See aufgebaut hatte, die ich mit gewisser professioneller Neugier betrachtete und mir vorstellte, wie es einem kleinen Schiff bei solchem Wetter ergehen würde. Kein Schiffer würde natürlich bei derartigem Wind irgendwelche Segel stehenlassen; und auf jedem Fahrzeug, ob groß oder klein, wäre es nicht gerade gemütlich. Doch glaubte ich, daß ein gutes kleines Schiff bei richtiger Handhabung den Sturm hätte abreiten können, entweder durch Nachschleppen von Trossen, quer zur See oder vor ausgebrachtem Treibanker.

Damit gab ich mich zufrieden. Doch dann sah ich die „See aller Seen", und seitdem fühle ich mich bei schwerem Seegang auf kleinem Schiff nie mehr ganz wohl.

Deutlich war zu sehen, wie sie die übrigen Seen weit überragte, doch das Beeindruckende war nicht so sehr ihre Höhe als vielmehr ihre Gestalt. Denn die Vorkante der Welle erschien als senkrechte Wasserwand; überhaupt stand ihr ganzes Verhalten in völligem Widerspruch zu normalen Sturmseen.

Fast jeder weiß, wie eine See bei flacher werdendem Wasser an Steilheit zunimmt und der Kamm möglicherweise (bei genügend hoher See) überkippt und mit Donnergetöse ins Wellental stürzt. So sah es bei dieser See zwar auch aus, doch mit dem erschreckenden Unterschied, daß sie ununterbrochen nach vorne stürzte, so den Eindruck erweckend, als ergösse sich ein schäumender Wasserfall, dessen Geschwindigkeit wohl 30 kn und mehr betrug, über die Wasseroberfläche.

Unvermeidlich stellt sich dann die Frage, was mit einem verhältnismäßig ruhig daliegenden kleinen Schiff geschieht, das mit einer mit 30 kn daherkommenden senkrechten Wasserwand konfrontiert wird.
Es ist diese Frage, die ich behandeln will, wobei wir die Aussagen einer Reihe von Leuten zu Rate ziehen müssen, die für sich auf Grund bitterer Erfahrung in Anspruch nehmen können, über die Folgen Bescheid zu wissen.
Dazu gehören etwa die Crews der „Typhoon", der „Sandefjord" und der „Les Quatre Vents", die alle der Meinung sind, einer solchen See begegnet zu sein mit zum Teil aufregenden, aber auch verhängnisvollen Folgen.
Ein anderer Fall ist der von Miles Smeeton, der von zwei derartigen Erlebnissen in seinem Buch „Once is Enough" berichtet. Dieser Bericht steht in starkem Gegensatz zu vielen anderen Segelmärchen aus der Feder tölpelhafter Anfänger, die mit elenden Seelenverkäufern in See gehen, deren Rigg man noch die Almosen ansieht, denen es sein Leben verdankt, und die verdientermaßen an Verhältnissen scheitern, die ein gutes Schiff mit fähigem Kapitän spielend gemeistert hätte. „Tzu Hang" von Smeeton jedenfalls war ein gutes kleines Schiff, 13,80 m Lüa, nicht ausgesprochen schnell, aber seetüchtig. Die Crew bestand aus Miles Smeeton, seiner Frau sowie dem jungen John Guzzwell. Das Schiff war stark, gesund und gut ausgerüstet und wurde von erstklassigen Seeleuten geführt.
Es hatte schon viele schwere Stürme überstanden, und obwohl die Smeetons dieses Mal das berüchtigte Kap Hoorn ostwärts umrunden wollten, hatten sie ausreichendes Zutrauen zu sich selbst und den Fähigkeiten ihres Schiffes. Selbst als sie, bei Annäherung an das Kap, mit schwerem Wetter zu kämpfen hatten und gezwungen waren, vor Topp und Takel zu lenzen und Trossen nachzuschleppen, hatten sie das beruhigende Gefühl, daß ihr Schiff sie bereits sicher durch ebensolches, wenn nicht schlimmeres Wetter gebracht hatte.
Doch dann kam ohne Vorwarnung eine riesige See, erfaßte „Tzu Hang" und ließ sie mit einem brutalen Salto über Kopf gehen, wonach sie ein entmastetes, vollgeschlagenes Wrack war mit leergefegtem Deck, fortgerissenem Deckshaus und unbeschreiblichem Durcheinander unter Deck. Es ist erstaunlich und packend zu lesen, wie sie unter Notrigg schließlich einen chilenischen Hafen erreichten und ihr Boot wieder instandsetzten.
Doch ist die Geschichte noch nicht zu Ende. Noch einmal starteten sie in Richtung Kap Hoorn, allerdings ohne John, der dazu keine Zeit mehr hatte. Und wieder gerieten sie in die unvermeidliche starke Depression. Bei dieser Gelegenheit hatten sie eine verständliche Abneigung gegen das Ablaufen vor dem

Sturm, sei es mit oder ohne Trossen. Deshalb zogen sie es vor, ohne einen Fetzen Segel quer zur See zu liegen – was allgemein als völlig seemännisches Verhalten gilt. Und wieder packte sie die „Riesensee", die das Boot diesmal verächtlich überrollte, als wäre es ein Faß, und es wiederum als ein kaum schwimmfähiges Wrack zurückließ.

Aus diesem wie anderen Berichten ergibt sich für uns ein ziemlich klares Bild davon, was in jedem einzelnen Fall vor sich ging – und in allen geschah Ähnliches. Die vordringende Wasserwand stürzt sich dem Boot entgegen. Noch bevor sie es erreicht, erfaßt sie die Trossen (falls solche nachgeschleppt werden) und reißt sie in losen Buchten mit nach vorn, wobei sie deren Bremswirkung vermindert oder völlig zunichte macht.

Zeigt das Heck zur See, gerät das Boot schlagartig in eine „Kopfüberstellung". Der Bug schneidet unter, und teils infolge der Schwungkraft des schweren Kiels, teils durch die vorandrängende See selbst wird das Schiff vornüber geschleudert, um entweder mit dem Deck wieder aufzuschlagen oder, sollte der schwere Kiel die Oberhand gewinnen, durch seitliche Verdrehung breitseits zu landen.

Mit dem Bug zur See wird das gleiche geschehen, während das Boot geradewegs von der Welle überrollt wird, wenn es quer zu ihr liegt.

Hätte man die Wahl, so scheint es den Berichten nach günstiger zu sein, sich überrollen zu lassen, als kopfüber zu gehen. In jedem Fall muß man sich glücklich schätzen, wenn man überhaupt überlebt, und mit ziemlicher Wahrscheinlichkeit wird man die Masten verlieren und erheblichen weiteren Schaden erleiden.

Es ist eine in jeder Hinsicht unangenehme Vorstellung, und nur zögernd sieht man schließlich ein, daß es Bedingungen gibt, denen gegenüber keine noch so großartige Fertigkeit, Mut, Sorgfalt oder Ausrüstung ausreichen, um ein kleines Schiff vor der Katastrophe zu bewahren.

Ich glaube, daß die Mehrzahl der Segler sich davor scheut, dieser Tatsache klar ins Auge zu sehen.

Statt dessen geben sie vor, das betreffende Schiff sei zu schnell abgelaufen, von einer Sturzsee überrollt oder quergeschlagen und dann durch eine nachfolgende See zum Kentern gebracht worden; nur wenige Leute scheinen jedenfalls einsehen zu wollen, daß ein Schiff sich buchstäblich überschlagen kann.

Doch Smeetons Buch enthält die Fotografie einer See bei Kap Hoorn, bei der ich mich frage, ob es irgendeinen Hochseesegler gibt, dem es bei ihrem Anblick nicht kalt über den Rücken läuft und der nicht zugibt, daß einem in ihrem Weg

liegenden Schiff alles nur Erdenkliche zustoßen kann, wobei das Kopfübergehen eingeschlossen ist. Man sehe sich dazu das Foto auf Seite 49 an.
Ich habe mit einer ganze Reihe erfahrener Hochseesegler darüber gesprochen. Alle waren übereinstimmend der Meinung, daß es auf den sieben Meeren kein Schiff gibt, das von einer See dieser Höhe und Gestalt nicht wenigstens von vorn bis achtern überrannt würde und dabei mehr oder weniger großen Schaden erlitte.
Soweit es um kleine Schiffe geht, ist es höchst unwahrscheinlich, daß ein Boot unter 30 m Länge in der Lage wäre, einer solchen See zu trotzen und sie zu meistern.
Viele, wenn nicht gar alle Experten sind überzeugt, daß solche Seen eigentlich von keinem Schiff zu nehmen sind, gleichgültig, wie groß es ist. Die Größe bestimmt lediglich, ob es sich durch die See hindurcharbeitet oder ob es von ihr niedergeschmettert wird. Bestätigung findet diese Annahme durch Geschehnisse entlang der Wild Coast, dem Küstenabschnitt zwischen Port Elizabeth und Durban an der Ostküste Südafrikas, wo bei Stürmen solche Monsterseen entstehen können. Selbst Riesentanker bis zu 200 000 t gehören zu ihren Opfern. Manche davon überstanden sie zwar, jedoch nur mit erheblichen Beschädigungen an den Aufbauten, andere gelten als verschollen, weil sie wahrscheinlich auseinanderbrachen.
Dem Phänomen einer See gegenübergestellt, die unpassierbar ist, sucht man nach Möglichkeiten, mit dem geringsten Schaden davonzukommen. Es scheint so, als wäre das Nachschleppen von Trossen oder das Lenzen vor Topp und Takel absolut keine Antwort darauf.
Was soll man tun? Etwa Öl verwenden?
Angenommen, Öl hätte irgendeine Wirkung auf Seen dieser Art, was zu bezweifeln ist, würden sicher Unmengen davon erforderlich sein. Nur zögernd gibt Smeeton den Einbau großer Sturmöltanks zu bedenken. Der Haken dabei ist, daß man Öl verbreiten muß, solange der Sturm anhält, weil Monsterseen ihr Erscheinen nun mal nicht ankündigen. Ein Tanker könnte sich das vielleicht leisten. Außerdem sind hierbei Fragen des Umweltschutzes zu berücksichtigen. Für ein kleines Schiff ist diese Methode jedenfalls nicht empfehlenswert.
Niemand weiß hierfür das Patentrezept. Den Einsatz von Öl kann man jedenfalls nicht als die Ideallösung betrachten.
Ein Gerät haben wir bisher ausgelassen: den Treibanker. Die meisten Ozeansegler scheinen die Überzeugung gewonnen zu haben, daß ein Treibanker zwar keine Patentlösung sei, man mit seiner Hilfe aber das Beste aus einer

schlimmen Lage machen könne. Doch auch hier gibt es erhebliche Einschränkungen. Zunächst darf man nicht glauben, daß ein Treibanker dem Boot hilft, eine See besser zu nehmen. Im Gegenteil: Je nachdem, wo er ausgebracht wird, macht er das Schiff bug- oder hecklastig. Trotz alledem würde er es entweder Bug oder Heck voraus durch eine See hindurchzerren, wodurch weniger Schaden entstünde, als wenn man über Kopf ginge oder überrollt würde; obwohl es schwer vorstellbar ist, daß nach solchem Schauspiel noch etwas vom Mast übrigbleibt. Doch zeigt dabei wenigstens die richtige Seite nach oben.
Aber, und zwar ein großes Aber, wie groß müßte ein Treibanker sein, der nicht nur Bug (oder Heck) eines kleinen Schiffes in der See halten, sondern seinem Auftrieb und den dynamischen Kräften einer sich schnell fortbewegenden großen See entgegenwirken soll, um das Schiff geradewegs durch sie hindurchzuzerren? Und aus welchem Material soll man ihn herstellen, wenn man schließlich seine Konstruktion zustande gebracht hat, und wo will man ihn verstauen? Was soll man als Ankertrosse verwenden, und, jetzt kommt die Kardinalfrage, wo am Schiff soll man diese belegen?
Ich habe einige Erfahrungen mit Treibankern und bin zu dem Schluß gekommen, sie an etwas zu befestigen, dessen Verlust man hinnehmen kann.
Für die meisten von uns haben diese Fragen akademischen Charakter, für andere bleibt es vielleicht nicht immer so, denn es gibt viele Leute (dazu gehöre ich auch), die wenigstens noch einmal eine Hochseelangfahrt unternehmen wollen, bevor sie endgültig den Anker fallen lassen.
Ich sähe es gerne, wenn sich die Diskussionsgruppe erweitern würde und neue Ideen beigesteuert werden könnten. Wenn Sie also, die Sie jetzt diese Zeilen lesen, irgendwelche Erfahrungen machen konnten bezüglich der Entstehung, der Gestalt und Geschwindigkeit solcher Seen und, was weit wichtiger ist, wie man sie vermeiden, überlisten, gegen sie bestehen oder sie überleben kann, greifen Sie zur Feder und schreiben Sie uns. Zusammen könnten wir dann vielleicht zu einer Lösung oder Sicherheitsvorkehrung kommen.
Es wäre beruhigend, wenn irgendwann einmal der Kapitän eines kleinen Schiffes, das in einen schweren Sturm gerät, der See aller Seen nicht völlig hilflos gegenüberstehen müßte, sondern ihr wenigstens mit einem Funken Zuversicht entgegensehen könnte.

Das Schiff

Der rechte Augenblick, um sich gegen schweres Wetter zu schützen, ist bereits am Zeichentisch des Konstrukteurs gekommen – bevor das Boot überhaupt gebaut wird. Man erkennt dann sehr schnell die Notwendigkeit, in jeder Hinsicht Kompromisse schließen zu müssen.
Das perfekte „sturmsichere" Boot wäre eine Kugel ohne Erhebungen und Vertiefungen. In solchem Fahrzeug würde man den schwersten Sturm, wenn schon nicht gerade bequem, so doch in Sicherheit abwettern, wie die von den Japanern als Bojen ihrer Netze verwendeten hohlen Glaskörper bezeugen, die oft unbeschädigt an Küsten gespült werden, die Tausende von Meilen von ihrer Heimat entfernt sind. Doch kann man sich schwer vorstellen, wie so ein Boot unter Segeln oder sonstwie fortbewegt werden und auf welche Weise man sich an Bord einrichten sollte. Die Form unseres Traumbootes muß also zwangsläufig erheblich von dieser simplen Konzeption abweichen. Doch ergibt sich aus allem ein Anhaltspunkt – die Natur hat eine Vorliebe für Kurven.
Allgemein kann man sagen, daß ein Boot, je sanfter seine Linien sind, desto seetüchtiger sein wird, und man sollte tunlichst jede platte Oberfläche vermeiden. Man will ja aber auch an Bord leben und arbeiten, außerdem muß die Form des Rumpfes Reibung und Widerstand auf ein Mindestmaß beschränken, so daß man erneut zu Kompromissen gezwungen ist. Man hat darüber getüftelt, seitdem es Boote gibt, und Erfahrungen, Versuche und Fehlschläge haben schließlich zu Rümpfen geführt, die den besten Kompromiß darzustellen scheinen. Der sicherste (wenn auch nicht der schnellste) Rumpf für eine Kreuzeryacht ist deshalb vollspantig bei reichlicher Breite und gefälligen Linien; dahin gelangt gewöhnlich auch der erfahrene Konstrukteur, dem freie Hand gelassen und der nicht durch Forderungen nach Schnelligkeit oder schmale Bemessung der veranschlagten Kosten behindert wird. Man kann sagen, daß die Linien eines konservativen Risses, der nach modernen Gesichtspunkten gebaut wird, das für uns Geeignete darstellen.
Bezüglich des Materials und dessen Stärke stehen uns die Erfahrungen aus Jahrhunderten zur Verfügung, und man kann sicher sein, daß bei guter Verarbeitung und solidem Material der Rumpf zusammenhalten wird, solange man nicht auf irgend etwas Härteres als Wasser stößt.
In Fragen der Aufbauten, der Beschläge, der Maststellung und Takelage ist man sich weniger einig, so daß es einen erheblichen Wirbel verursacht, sobald

man eine bestimmte Richtung verficht. Vielen Seglern wird ein Teil der folgenden Anmerkungen gar nicht behagen, und sie sollen ihren Protest auch gerne kundtun, solange sie sich klar darüber bleiben, daß wir ein Boot im Auge haben, das speziell für Gegenden konstruiert wird, in denen wirklich schwere Seen anzutreffen sind.

Aufbauten: Ein glattes Deck stellt die Ideallösung dar; ist das nicht zu verwirklichen, sollten sämtliche Aufbauten so niedrig wie möglich, außergewöhnlich stabil und derart abgerundet sein, daß sie einem Schildkrötenrücken zum Verwechseln ähnlich werden.

Bullaugen: Mehrere kleine sind wenigen großen vorzuziehen, und Fenster sind zu vermeiden. Will man auf ein Deckshaus nicht verzichten, so baue man es, doch denke man daran, daß man es mit großer Wahrscheinlichkeit einbüßt, sollte eine schwere See an Deck steigen.
Schiebeluk und Vorluk müssen stark gebaut sein und verschalkt werden können; außerdem sollte der Niedergang durch Schotten verschließbar sein, die hartem Seeschlag gewachsen sind. Wenn ein Cockpit vorhanden ist, muß es selbstlenzend sein, und zwar durch ausreichend dimensionierte Lenzrohre.
Backskisten, die vom Cockpit aus zu öffnen sind, sind zu vermeiden.
Möglichkeiten, Leinen zu belegen, sollten an Bug und Heck vorhanden sein; und zwar sind große durchgehende Poller (Betinge), die nicht stark genug sein können, am besten geeignet. Es ist erschreckend, auf wie vielen Booten am Heck lediglich ein paar völlig nichtige Klampen vorhanden sind, die beim ersten massiven Zug davonfliegen würden. Verholklüsen, die die stärkste an Bord befindliche Leine aufnehmen müssen und so angebracht sein sollen, daß sie möglichst in der Mittschiffslinie wirken, sollten neben den normalerweise benutzten Lippklampen zusätzlich vorhanden sein, wenn diese den besonderen Zweck nicht erfüllen.
Ruderzapfen und Fingerlinge sollten überdimensioniert, so stark wie möglich und besonders gewissenhaft befestigt sein. Das gleiche gilt für den Stevenbeschlag, die Püttings und sonstige Beschläge an Deck.
Eine Ausnahme bilden die Relingsstützen: Ihrem Zweck entsprechend sollten sie ausreichend stark, doch nicht zu tief verankert sein, damit sie nicht ernsten Schaden anrichten, sollten sie bei einer Kollision oder anderer Gelegenheit herausgerissen werden.
Das Deck soll so frei wie möglich bleiben, ohne unnötige Vorsprünge und Sülls. Vorteilhaft wäre es, einen vorhandenen Bugspriet im Notfall an Deck nehmen

zu können, doch läßt sich so etwas auf modernen Schiffen nur unter Schwierigkeiten einrichten.
Jede Unterwasseröffnung muß bündig und gewissenhaft angepaßt werden und mit einem Seeventil versehen sein; die Seeventile überprüfe man laufend auf Gängigkeit.
Ein geplanktes Schanzkleid stellt ein weiteres kleineres Problem dar. Wenn wir auch annehmen, daß es mit Speigatten versehen ist, brauchen auch reichlich bemessene eine gewisse Zeit, um eine volle Decksladung Wasser abzuleiten, wahrscheinlich lange genug, um von einer neuen bedrängt zu werden. Die alten portugiesischen Seeleute verfügten über eine äußerst simple Methode; sie benutzten für ihr Schanzkleid dünne, nicht übermäßig sicher befestigte Planken, von denen eine gefährliche Ladung Wasser einfach einige mit sich riß, um so „automatisch" die erforderliche Größe für die Speigatten zu schaffen. Etwas schluderig vielleicht, doch ist der Grundgedanke richtig.
Besitzt man ein *Segel*schiff, höre man nicht auf irgendwelche Wichtigtuer, die den Niedergang, den Aufbau und sonstige hervorlugenden Decksverschönerungen, wie sie sagen: aerodynamisch ausgestalten wollen – dazu noch in Mittschiffsrichtung, in der doch Wind und Wasser fast niemals über ein Schiff hinweggehen. Nach kurzer Überlegung wird man einsehen, daß eine Stromliniengebung hierbei nur dann von Nutzen sein kann, wenn sie sich runden Formen nähert.
Zur Inneneinrichtung ist nicht viel zu sagen, wenn man sich zu herkömmlicher Anordnung entschließt. Man achte darauf, daß alles, was irgendwo befestigt ist, sicher befestigt ist, und man dränge den Wunsch nach einem großen, kaum unterteilten Raum etwas in den Hintergrund; denn je weiter man fällt, desto härter trifft man auf. Überall, wo man zufällig stehen könnte, muß sich also in Reichweite irgendein stabiler Griff befinden.

Takelage

Slup, Kutter, Ketsch, Yawl, Schoner, Brigantine, Toppsegelschoner – sie alle haben ihre Anhänger. Es ist eine Frage des Geschmacks, wobei man aber daran denke, daß man von einem Mann nicht verlangen kann, 50 m^2 Segeltuch zu bewältigen.
Außerdem erinnere man sich daran, daß wir ein Boot besprechen, das speziell für schweres Wetter gedacht ist und bei dem die Geschwindigkeit eine sekun-

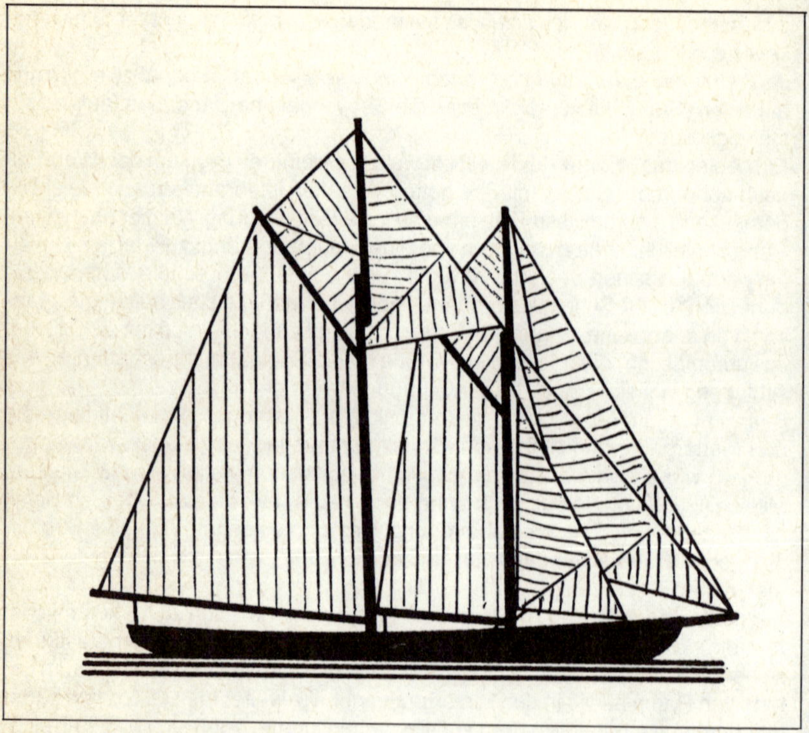

Abb. 8 Ein Fischer der Neufundlandbänke unter Normalbesegelung

däre Rolle spielt. Hier rühren wir an einen Punkt, der einen schon schwerer zu entscheidenden Kompromiß erfordert. Denn während 85% seiner Zeit sucht der Hochseesegler nach Möglichkeiten, mehr Segel zu setzen, um vielleicht noch einen weiteren halben Knoten herauszuholen. Während 10% der Zeit wird das Boot bei einem für seine normale Besegelung „maßgeschneiderten" Wind munter drauflosmarschieren, und während ungefähr 5% der Zeit wird man unter Trysegel oder vor Topp und Takel liegen und sich fragen, ob es nicht vernünftiger wäre, in der Sahara Datteln anzubauen.

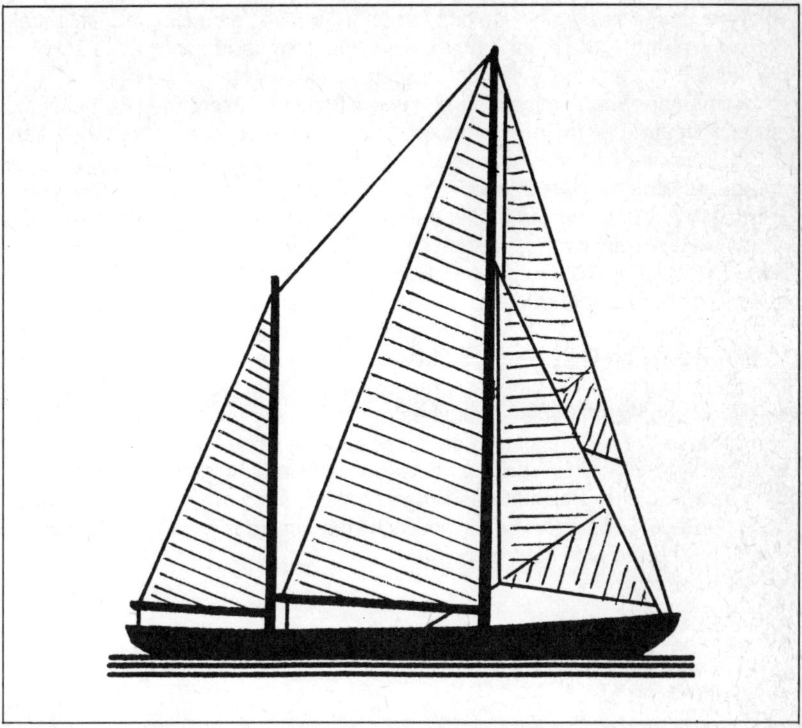

Abb. 9 Eine moderne, hochgetakelte Yacht unter Normalbesegelung

Unser Wunsch geht also dahin, ein Boot mit reichlicher Normalbesegelung zu bekommen, die leicht und zuverlässig geborgen werden kann.
Der Segelplan sollte sämtliche Segel binnenbords vorsehen bei größtmöglicher Segelfläche an kürzestmöglichem Mast.
Damit wären wir wieder beim alten Streit zwischen Gaffel- und Hochtakelung, der nun schon so lange und mit solcher Heftigkeit geführt wird, daß die jeweiligen Vertreter ihre Meinung in dickköpfigster Weise verfechten und nur wenige einsehen wollen, daß die Gegenseite auch nur irgend etwas Empfehlenswertes

vorzubringen hätte. Noch dazu gibt es kaum Sportsegler, die jemals ein gaffelgetakeltes Fahrzeug geführt haben, eine verschwindend geringe Anzahl aber hat keine Erfahrung mit der Hochtakelung.
Ich will nun deswegen mit niemandem die Klingen kreuzen. Die Hochtakelung hat sich heute allgemein durchgesetzt. Dennoch gibt es eine ganze Anzahl Segler, darunter Regatta- ebenso wie Fahrtensegler, die dem Gaffelrigg in modifizierter Form, als Spreizgaffel etwa, eine Chance einräumen speziell für die Fahrtensegelei, bei der es häufig darauf ankommt, daß man möglichst „weit oben" noch ein bißchen mehr Tuch setzen kann.
Abb. 8 und 9 zeigen den gleichen Rumpf. Einer hat das Rigg eines alten Fischers der Neufundlandbänke, der andere das einer hochgetakelten Yacht. Vor dem Wind hat das Gaffelrigg Vortriebsvorteile, jedoch den Nachteil einer Menge laufenden Guts. Die Hochtakelung bringt mehr Geschwindigkeit am Wind, und das laufende Gut beschränkt sich auf Weniges.
Es würde den Rahmen dieses Buches sprengen, wenn wir uns nun im einzelnen über die Vor- und Nachteile der verschiedenen Takelungsarten auslassen würden. Wenn sich die Vorboten eines Zyklons ankündigen, kommt es nicht darauf an, welcher Fakultät das Rigg angehört, sondern darauf, wie schnell man die Segel verkleinern und schließlich so bergen kann, daß sie ebenso gut verpackt sind wie eine ägyptische Mumie.

Erschöpfung

Es war einmal ein Segler, und seine Geschichte ist wahr, der machte eine Einhandreise im Karibischen Meer. Er erwischte eine schlimme Ecke, die ihm vier Tage lang schlechtes Wetter bescherte. Als der Wind nachließ, war er sich über seine Position keineswegs im klaren. Er nahm seinen Sextanten und wollte die Sonne schießen. Brachte das aber nicht fertig, weil er

– den Sextanten nicht ruhig halten konnte,
– vier, drei, zwei Sonnen zu sehen glaubte,
– keine einfachen Additions- oder Subtraktionsaufgaben lösen konnte.

Ihm blieb keine andere Wahl als weiterzusegeln, und schon nach kurzer Zeit sichtete er einen einsamen Fischer in seinem Boot. Er freute sich darüber, da das die Nähe des Landes verhieß, und er rief den Fischer an, um seine Position zu erfragen.

Doch der Fischermann antwortete nicht. Er fischte weiter, ohne den Segler auch nur eines Blickes zu würdigen. Offensichtlich ein mürrischer Patron. So segelte unser Freund denn weiter, und bald konnte er Land und einen kleinen Hafen ausmachen. Von diesem Hafen kam ihm ein mit Ausflüglern vollbesetzter Vergnügungsdampfer entgegen und passierte in 15 m Abstand. Er rief das Schiff an. Doch keiner an Bord antwortete oder zeigte auch nur das geringste Interesse für seine traurige Lage. „Eingebildete Bande", dachte er bei sich.

Jetzt hieß es, irgend etwas zu unternehmen. Er hatte nach rauher Überfahrt seinen Landfall gemacht und einen geschützten Hafen gefunden. Er lief also in den Hafen ein, und weil niemand ihn auch nur im geringsten beachtete (kein Zoll, keine Gesundheitsbehörde), suchte er sich eine freie Ecke, warf das Lot, maß 14 m und ankerte.

Dann wankte er durch den Niedergang und streckte sich für zwölf Stunden auf dem Fußboden aus.

Als er aufwachte, ging er an Deck. Sein Schiff war sicher verankert. Doch da war kein Hafen, kein Lustdampfer, keine Fischer in ihren Booten, kein Land in Sicht.

Doch er hatte auf 14 m Tiefe geankert; das jedenfalls hatte er tatsächlich vollbracht.

Der Rest war schierer Halluzination entsprungen – Wunschträumen, die pure, maßlose Erschöpfung hervorgerufen hatte.

Sei er Fahrtensegler oder Berufsfischer, für den Kleinschiffer ist Erschöpfung der schlimmste Feind. Stürme kommen und gehen, und ein gutes kleines Schiff unter tüchtiger Führung wird sie abreiten und mit stiebender Gischtfahne weitersegeln; denn Hochseesegelei ist statistisch weniger gefährlich, als mit einem Auto herumzufahren.
Außerdem ist sie billiger, sorgt für weniger Magengeschwüre, ist gesünder und erfreulicher.
Sie kann aber zuweilen aufreibend sein, und es ist die daraus folgende Erschöpfung, die zu Schwierigkeiten führt. Sie überreizt die Phantasie und vernebelt den Verstand. Nur unter Schwierigkeiten kann man sich auf einfachste Probleme konzentrieren, deren Lösung oft genug falsch wird. Entscheidungen zu treffen wird zu einer qualvollen Angelegenheit. Ich habe einmal erlebt, wie ein armer Tropf 20 Minuten lang darüber brütete, ob er lieber eine bitternötige Dose Sardinen öffnen oder in die Koje gehen sollte, um den ebenso bitternötigen Schlaf nachzuholen.
In extremen Fällen kommt es, wie eben geschildert, zu völlig aberwitzigen Traumvorstellungen.
Der total erschlagene Mann verdankt diesen Zustand drei bösen Buben aus der Sippe der Mangelerscheinungen. Sie arbeiten Hand in Hand, und zwar heißen sie: Mangel an Essen, Mangel an Bequemlichkeit, Mangel an Schlaf. Dabei ist Nahrungsmangel der weniger drohende Bruder. Im allgemeinen warten immer ausreichend Konservendosen auf den Öffner. Vielleicht kann man den Inhalt nicht immer warmmachen; doch stopft man ihn in sich hinein, wenn der Hunger bohrt, wird der Magen sich dankbar damit zufriedengeben. Der Nährwert wird durch das Erhitzen nur unbedeutend erhöht, und ein gesunder Mann kann eine ganze Weile ohne Nahrung auskommen.
Das soll nicht heißen, daß ich etwas gegen das Essen habe. Ich habe jahrelang von Konserven gelebt und mag sie sehr gern, doch folgendes ist wichtig. Wenn man selbst oder die Crew müde, kalt, naß und lustlos geworden ist, wird die Stimmung durch eine warme Mahlzeit gewaltig gehoben. Nach fünf Minuten lebt jeder förmlich auf, und die drohende Meuterei wird noch einmal verschoben.
An Bord von Berufsfischern, die tagelang auf See bleiben, rangiert der Koch ziemlich hoch, und wenn man den Kapitän vor die Frage stellte, entweder einem guten Steuermann oder einem guten Koch den Laufpaß zu geben, würde er wahrscheinlich in Tränen ausbrechen und die Hilfe eines Psychiaters beanspruchen müssen.

Die nächste Teufelei ist der Mangel an Bequemlichkeit. Man muß ihm vorbeugen, weil er sonst bedrohliche Formen annehmen kann. Wird das Boot unter Deck erst einmal zu einer kalten, klammen, feuchten Tropfsteinhöhle, die Koje zu einer nassen Suhle und man selbst zu einer bis auf die Haut durchnäßten zittrigen Figur, wird es wohl schwer werden, sich besonders effektvoll zu betätigen. Solchem Übel macht man am besten den Garaus, indem man in Form einer Sonderaktion unter Deck durch Abdichten der Lecks für Trockenheit sorgt und sich selbst während der Wache in verschiedene Lagen dicker Kleidung einmummelt.

Man sollte möglichst immer trockenes Zeug in Reserve haben. Auf einem kleinen Schiff bei langanhaltendem Sturm ist das kaum zu verwirklichen. Wasser ist ein hinterhältiger Stoff, der Hosenbeine und Hemdsärmel erklimmt und seinen Weg über den Nacken bis zur Gürtellinie findet, so daß nach zwei oder drei feuchten Wachen sämtliche Sachen durchnäßt sind.

Zum Teil auch aus diesem Grund wird das Boot, das ich im Auge habe, mit einem Ofen ausgerüstet, der langsam brennt; einem dieser schmucken Apparate, die von einer täglichen Handvoll Kohle oder Anthrazit monatelang in Gang gehalten werden.

Nach Absprache mit dem Koch könnte die Crew dort ihre nassen Sachen auf ein Trockengestell hängen.

Bei ungemütlichem Wetter bedeutet Bequemlichkeit eigentlich nichts anderes als Wärme. Wenn ich auf kleinen Booten mit Cockpit während sehr kalter Nächte Wache ging, zündete ich gewöhnlich die Sturmlaterne an, klemmte sie auf dem Cockpitboden zwischen meine Beine und wickelte mich bis zu den Achseln in eine Decke ein. Von der Taille abwärts bleibt man auf diese Weise warm. Wenn es jedoch regnet oder Gischt fliegt und die Decke naß wird, entsteht eine dumpfe Schwüle, wie in einem Türkischen Bad, die sämtliche Sachen durchdringt, so daß man sich kreuzelend fühlt, wenn man die Decke wieder ablegt. Außerdem ist man dann mit einer nassen Decke bedacht worden; und im Augenblick kann ich mir nichts Widerwärtigeres vorstellen als ausgerechnet eine nasse Decke.

Diese Methode ist also nicht sehr empfehlenswert.

Dabei können Löcher in Decken, Seestiefel und Kleidung gebrannt werden, und eine ganze Weile ist man nicht gesellschaftsfähig, weil man das unverwechselbare Aroma von Petroleum, angesengtem Gummi, angekokelter Kleidung und biederem Körperdunst mit sich herumträgt.

Die Lösung besteht darin, das Schiff unter Deck trockenzuhalten, sicherzustellen, daß nasses Öl- und sonstiges Zeug nicht herumfliegt, bequeme Kojen mit vielen Decken und eine Menge warmer Sachen zum Wechseln zu haben.
Das schlimmste Übel, dem man am sorgfältigsten entgegenarbeiten muß, ist Mangel an Schlaf. Auf offener See spielt es keine Rolle, denn wie die Verhältnisse auch immer sind: Man hat ausreichend Seeraum, und fühlt man sich müde, so kann man das Boot in eine Defensivstellung bringen (beidrehen, vor Topp und Takel lenzen, ablaufen oder Treibanker ausbringen) und sich erst einmal in die Koje verholen. Und man wird einschlafen (wenn man wirklich müde ist), gleichgültig, was sich draußen zusammenbrauen mag.

Sleep, Death's gentle brother –
Sleep, that knits the ravelled sleeve of care

Schlaf, freundlicher Bruder des Todes,
Schlaf, der den zerschlissenen Ärmel der Geborgenheit wieder stopft

Schlaf ist ein kostbares Gut, und die Natur besteht darauf, daß man der Müdigkeit nachgibt. Man kann sämtliche Anti-Schlafpillen schlucken und die verschiedensten Taktiken und Rezepte versuchen – früher oder später wird man doch vom Schlaf übermannt.
Soldaten auf Wache haben eine bestimmte Methode entwickelt, ihr Kinn, während sie auf Posten stehen, auf dem Bajonett ruhen zu lassen. Ich habe des öfteren welche in dieser Weise dastehen sehen, Kinn auf dem Bajonett, Augen offen – doch in tiefem Schlaf.
Als mir als Kapitän auf einem Fischkutter einmal eine See in meine Kabine stieg, warf ich mich nach meiner Wache auf meine Koje, eine Masse zerknautschter Decken, die von Seewasser getroffen mit einer dicken Schicht ertränkter Kakerlaken – und trotzdem schlief ich wie ein Stein.
Für den Einhandsegler wird das Schlafproblem zu einer ernsten Frage, wenn er unter der Küste segelt oder sich zwischen Inseln hindurchlaviert – wenn also Wachsamkeit während voller 24 Stunden notwendig wird. Auch dann wird es ernst, wenn man Schiffer oder Navigator einer größeren Crew ist. Denn wenn niemand sonst navigieren kann, muß man dem Rudergänger einschärfen, bei jeder Änderung der Lage Alarm zu schlagen, zum Beispiel wenn sich Stärke oder Richtung des Windes ändert, wenn Leuchtfeuer in Sicht kommen, wenn bestimmte Landmarken, Feuer und Baken bestimmte Peilung ergeben usw. Was schließlich dazu führt, daß man nicht gerade viel Schlaf bekommt.

Deshalb sollte der Navigator (der auf kleinen Schiffen gewöhnlich der Schiffer ist) während einer Küstensegelei keine Wache gehen. Er wird „auf Abruf" bereitstehen, und er wird abgerufen werden, zu jeder Tages- und Nachtzeit; deshalb muß er jede Gelegenheit, eine Mütze voll Schlaf zu erwischen, ausnutzen dürfen.

Für die restlichen Besatzungsmitglieder müssen die Wachen so eingeteilt werden, daß jeder während 24 Stunden acht Stunden Schlaf bekommt. Das stellt das Minimum dar. Und die Wache muß pünktlich abgelöst werden. Nichts führt mehr zu Verdrossenheit, als in ungemütlicher, nasser, kalter Nacht 15 Minuten zusätzlich an der Pinne hocken zu müssen, nur weil es dem Nachfolger gerade nicht behagt, pünktlich zu erscheinen.

Man sollte auf diesem Grundsatz bestehen, denn eine der Folgen von Schlaflosigkeit ist Reizbarkeit; unerfreuliche Streitereien unter der Besatzung könnten sonst zu einer unnötigen Belastung werden.

Wenn es möglich ist, eine Tasse Kaffee – oder besser heiße Suppe – zuzubereiten, kann diese Wunder wirken. Von der üblichen Methode, sich mit Hilfe reichlicher Mengen Rums über Wasser zu halten, rate ich dringend ab. Alkohol verschafft einem zwar schnell eine kurzfristige Energiesteigerung, der jedoch ebenso schnell der Rückfall und eine noch elendere Stimmung folgt. Alkohol hat bestimmte Vorzüge. Er wirkt entspannend und vertreibt Hemmungen, doch der rechte Zeitpunkt für einen guten Schluck liegt nicht vor oder während einer Wache, sondern kurz bevor man zur Koje geht.

Kapitäne erfolgreicher Fischereifahrzeuge führen überhaupt keinen Alkohol an Bord. Die amerikanische Marine handelt ebenso und behilft sich mit Coca Cola und Eiscreme.

Um auf unser Problem Schlaf-, Bequemlichkeits- und Nahrungsmangel zurückzukommen, möchte ich meinen, daß die Methode in der englischen Marine den geeignetsten Kompromiß darstellt. Bei Sonnenuntergang trifft sich die Besatzung bei Bier und Schnack, wonach die Bar bis zum nächsten Sonnenuntergang geschlossen bleibt.

Für den Einhandsegler ist es schon schwieriger, dicht unter Land zu genügend Schlaf zu kommen. Es gibt dafür verschiedene Teillösungen.

Weht auch nur etwas Wind, kann er auf dem Bug beidrehen, der ihn nach See hin bringt, um ein paar Stunden auszuruhen. Wenn der Wind drehen sollte, würde er jedoch möglicherweise mit einem Bums geweckt werden.

Bei Flaute kann er das Schiff treiben lassen. Doch auch dabei kann er in Schwierigkeiten geraten, wenn er auf eine zur Küste hin setzende Strömung trifft oder eine Seebrise einsetzen sollte. Bei entsprechenden Verhältnissen kann er vielleicht kürzere Zeit vor Anker gehen. Oder er trimmt die Segel so, daß das Boot einen „sicheren" Kurs anliegt, und läßt sich auf das Risiko einer Winddrehung ein.

Für den Einhandsegler ist die beste Vorsorge ein zuverlässiger Wecker. Er muß die Lage abwägen, sich für die eine oder andere genannte Methode entscheiden und herausfinden, wie lange sich das Schiff unter Berücksichtigung möglicher Änderung der Windstärke, Windrichtung und vorherrschendem Strom in Sicherheit befinden wird. Dementsprechend stellt er den Wecker ein, verstaut ihn an möglichst unerreichbarer Stelle und legt sich aufs Ohr.

Dem Gedanken, den Wecker möglichst verzwickt unterzubringen, liegt die Erfahrung zugrunde, daß es, befindet er sich in Reichweite der Koje, nur zu leichtfällt, den Stopphebel zu betätigen, wenn das vertrackte Ding anfängt zu plärren – ohne daß man dabei vollständig wach wird.

Wenn man ihn jedoch irgendwo versteckt, wo man nicht hinlangen kann, unter dem Niedergang etwa, muß man sich immerhin aus der Koje bemühen, um dem infernalischen Getöse Einhalt zu gebieten, was schließlich dazu führt, daß man, wieder einigermaßen bei Sinnen, den Kopf aus dem Luk steckt, verschlafen umherpliert und die Lage von neuem beurteilt.

Vielleicht hat man das Glück, den Wecker neu stellen und noch eine Stunde verdösen zu können.

Schlaf ist ein merkwürdiger Zustand. Ihm ist über viele Jahre eingehend, umfassend und unter großen Kosten von Ärzten, Wissenschaftlern, Psychiatern und sonstigen Gelehrten zu Leibe gerückt worden, die endlose Wälzer und Abhandlungen darüber verfaßt haben. Ein interessanter Punkt daraus ist, daß selbst nach überlangem Wachsein – bis zu dem Stadium, in dem man Halluzinationen unterliegt – acht Stunden ausreichen, um den Normalzustand wiederherzustellen.

Pickt man das Wesentliche aus diesem Kapitel heraus, ergibt sich zur Vermeidung von Erschöpfung folgender Extrakt als Rezept:

- Regelmäßige und vernünftige Mahlzeiten.
- Sich selbst und die Koje trocken- und warmhalten.
- Annähernd acht Stunden Schlaf am Tag.

Die See aller Seen (zum Text Seite 32)

Die See, die der Yacht „Coimbra“ im Atlantik zum Verhängnis wurde, in der Vorstellung eines Malers

In flachem Wasser brechende See

Vor Kap Agulhas

Bei durch Wind verursachten Meereswellen unterscheidet man grundsätzlich zwei Hauptarten: Windsee und Dünung. Windsee nennt man die vom Wind an Ort und Stelle erzeugten Wellen, Dünung dagegen sind die Wellen, die aus einem anderen Seegebiet (wo sie zu einem früheren Zeitpunkt als Windsee entstanden) heranlaufen.
Nach dem Aussehen der Windsee kann man die herrschende Windstärke abschätzen. Die Schätzung wird erleichtert durch eine international festgelegte Skala bestimmter charakteristischer Merkmale der Auswirkungen der verschiedenen Windstärken auf die See (Beaufort-Skala), die schon aus der Segelschiffszeit stammt. Wellensysteme werden neuerdings auch mehr und mehr durch die Begriffe „Wellenhöhe“ und „Wellenperiode“ gekennzeichnet. Eigenschaften, die allerdings bei gleicher Windstärke örtlich und zeitlich beträchtliche Schwankungen aufweisen können. So hängt die Stärke der Windsee z. B. davon ab, ob die Luft kälter ist als das Wasser oder wärmer. Luft, die kälter ist als das Wasser, greift bei gleicher Windgeschwindigkeit stärker in die Wasseroberfläche ein als Luft, die wärmer ist als das Wasser. Auch die Wassertiefe beeinflußt die Wellenbildung. Jeder Hochseesegler weiß, daß starker Wind auf flachen Gewässern (z. B. Ostsee) niedrigere, aber kürzere und steilere Windsee aufwirft als gleich starker Wind im Atlantik. Die Wellenentwicklung hinkt bei Änderungen der Windstärke auch stets etwas nach, das heißt, bei aufkommendem Sturm ist die Windsee erst Stunden später „ausgereift“. Schließlich spielt auch die Anlaufstrecke (Fetch) eine Rolle. So herrscht an einer Leeküste dicht unter Land nur eine „unterentwickelte“ Windsee. Die höchsten Wellen dagegen sind dort zu erwarten, wo dauerhafter Orkan über lange Strecken ungehindert einwirken kann.
Die folgenden Bilder geben Beispiele für das Aussehen der See bei den Windstärken 6 bis 11 Beaufort mit den charakteristischen Merkmalen. Die Aufnahmen wurden durchweg aus einer Augenhöhe von 6 bis 8 m und meist schräg von vorn gegen die anlaufende See bei Kaltluft und großer Wassertiefe gemacht, sind daher untereinander vergleichbar und geben Einblicke in die Struktur der Wellensysteme. Absichtlich wurde (im Vordergrund) meist ein Stück Reling oder dergleichen als Größenmaßstab mitfotografiert. Bilder aus der geringen Augenhöhe eines Yachtdecks würden bei starkem Wind oder gar Sturm meist nur die nächste hohe Welle zeigen, die zwar „fotogen“ und eindrucksvoll sein kann, dabei aber alles Weitere verdeckt und keineswegs typisch für eine bestimmte Windstärke zu sein braucht.

Dr. F. Krügler

Windstärke 6 = Starker Wind
Die Bildung großer Wellen beginnt. Kämme brechen und hinterlassen größere weiße Schaumflächen; etwas Gischt

Windstärke 7 = Steifer Wind
See türmt sich; der beim Brechen entstehende weiße Schaum beginnt, sich in Streifen in die Windrichtung zu legen

Windstärke 8 = Stürmischer Wind
Mäßig hohe Wellenberge mit Kämmen von beträchtlicher Länge.
Von den Kanten der Kämme beginnt Gischt abzuwehen.
Der Schaum legt sich in gut ausgeprägten Streifen in die Windrichtung

Windstärke 9 = Sturm
Hohe Wellenberge, dichte Schaumstreifen in Windrichtung. Das Rollen der See beginnt. Der Gischt kann schon die Sicht beeinträchtigen

Windstärke 10 = Schwerer Sturm
Sehr hohe Wellenberge mit langen überbrechenden Kämmen. Die See ist weiß durch Schaum. Rollen der See schwer und stoßartig. Sicht durch Gischt beeinträchtigt

Windstärke 11 = Orkanartiger Sturm
Außergewöhnlich hohe Wellenberge. Die Kanten der Wellenkämme werden überall zu Gischt zerblasen. Die Sicht ist herabgesetzt

Tritt eine starke Windsee gleichzeitig mit einer anders gerichteten hohen Dünung auf, bilden sich häufig hohe Kreuzseen aus

Bei Überlagerungen zweier oder mehrerer hoher Wellensysteme (Windsee und Dünungen) können gelegentlich extrem hohe Einzelseen („Kaventsmänner“) auftreten, deren Brecher besonders gefährlich sein können. Einzelne sogenannte „grüne Seen“ können das doppelte, in seltenen Fällen sogar die dreifache Höhe der jeweiligen mittleren Wellenhöhe erreichen

Segelkürzen

Über das Reffen sind schon Bände geschrieben worden. Hier soll es kurz und bündig behandelt werden. Die Geschichte der Segelei wäre ein Bericht über Methoden, wie etwas schneller, leichter und wirksamer zu bewerkstelligen sei. Blöcke, doppelte Toppsegel, Stahltauwerk, Ankerwinschen – die Reihe ließe sich noch endlos fortsetzen. Zweifellos wurde jede dieser Änderungen von verschrobenen Zeitgenossen bekrittelt.
Heute hat sich das Bild gewandelt; Mechanisierung heißt die Parole, und die Segler neigen dazu, auf jede neue Apparatur einzugehen, die ihnen von der Werbung schmackhaft gemacht wird, und sie ohne weitere Überlegung zu installieren.
Folgender Grundsatz sollte allesbestimmend sein: Jedes Segel, das gesetzt wird, muß jederzeit schnell und leicht wieder geborgen werden können. Die alten Rahschiffsegler waren sich dessen bewußt, wie diese Verse zeigen:

Man that is born unto woman
Hath but a short time to live.
He goes up like a fortopmast staysail
And cometh down like a flying jib.

Ein Mann, der einer Frau verfallen ist,
hat nicht lange zu leben.
Er saust empor wie ein Vorstengestagsegel
und kriecht herab wie ein Außenklüver.

Ist ein Bugspriet vorhanden, sollte man den Arbeitsklüver fliegend fahren – das heißt ohne Stagreiter – und den Hals an einem Laufring befestigen (Abb. 10). Wenn man das Fall loswirft und den Ausholer durchholt, wird das Segel von selbst zusammenfallen. Möglicherweise schlägt man die Genua und den Flieger lieber am Stag an, doch bleibe man sich klar darüber, sie rechtzeitig bergen zu müssen, bevor die Verhältnisse es zu einem gefährlichen Unternehmen machen.
Werden alle Segel binnenbords gefahren, ist das Anschlagen der normalen Vorsegel am Stag noch vertretbar, obwohl ich mir eine angenehmere Beschäf-

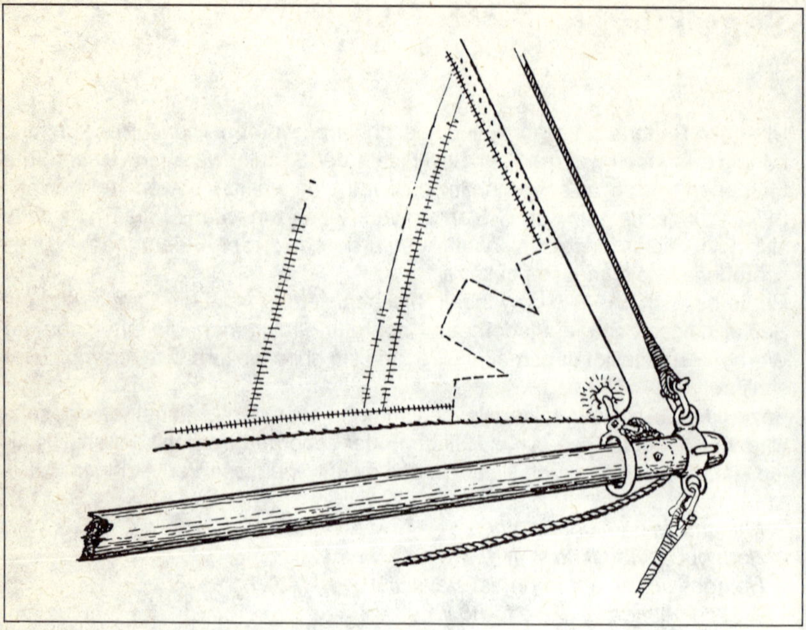

Abb. 10 Ausholer – fliegend gefahrener Klüver

tigung vorstellen kann, als auf schrägem Vordeck klammfingerig mit einer Unmenge von Stagreitern herumzuhantieren. Es ist eine Frage des Geschmacks, doch würde ich, ob Bugspriet nun vorhanden oder nicht, alle Vorsegel fliegend fahren und keinen Gedanken mehr auf Stagreiter verschwenden. Bei den heutzutage üblichen Drahtfallen mit Perlonvorläufern und ein wenig Muskelhub kann das Vorliek ohne weiteres stärker durchgesetzt werden als das Vorstag, und da das Material sich nur in geringem Maß reckt, muß das Fall nur gelegentlich nachgesetzt werden. Der einzige wirkliche Vorzug von Stagreitern ist der, daß sich mit ihrer Hilfe große Segel besser bändigen lassen, indem sie auf kleinem Raum zusammenfallen; doch läßt sich durch geschickte Handhabe von Schot und Fall auch ein fliegendes Vorsegel mehr oder weniger direkt vor die Füße dirigieren.

Bei Wetter, wie es dieses Buch behandelt, wird man keinerlei leichte Segel fahren, weshalb die Diskussion auf Normal- und Sturmbesegelung beschränkt bleiben soll.
Bezüglich des Reffens von Vorsegeln bin ich der Meinung, man sollte es überhaupt vermeiden. Die herkömmliche kleine Slup sollte zum Beispiel drei Vorsegel fahren: Normalfock, Fock 2 und Sturmfock. Muß man die Segelfläche verkleinern, berge man das stehende Segel und ersetze es durch das kleinere. Dieses Prinzip ist für jedes andere Rigg in gleicher Weise gültig.

Reffen des Großsegels

Das Patent- oder Rollreff ist ein deutliches Beispiel für die Fähigkeit der Werbung, Denkvorgänge vernebeln zu können. Es ist ein mechanischer, schlau durchdachter und schmucker Apparat – den deshalb die Segler auf der ganzen Welt fest an ihre Seemannsbrust drücken, und vermutlich sind die meisten Boote in dieser oder jener Form damit ausgerüstet.
Wir wollen das Patentreff unvoreingenommen unter die Lupe nehmen. Im Vergleich zur „herkömmlichen“ Reffmethode hat es zwei Vorteile – nur zwei. Es erfordert weniger Geschirr und sieht besser aus. Darüber hinaus kann es nichts Empfehlenswertes für sich verbuchen, vielmehr weist es verschiedene ernste Nachteile auf. (Bei diesen Zeilen höre ich geradezu die geifernden Mißfallenskundgebungen in den Segelvereinen der ganzen Welt und von Bootsbesitzern, die so einen Apparat für teures Geld gekauft haben.)
Für Leser, denen das Bindereff kein Begriff ist, zeigt Abb. 11 die ursprünglichste Art dieser Methode. In heutiger Aufmachung natürlich ohne Mastringe und mit modernen Führungsblöcken und Klemmen am Baum, ist diese Art zu reffen eigentlich narrensicher. Außerdem arbeitet es schneller als das Rollreff.
Moitessier, der eineinhalb Erdumrundungen ohne Landberührung hinter sich brachte, schwört auf das Bindereff. Auf seiner „Joshua“, einer 10,95-m-Ketsch, brauchte er zum Reffen des Besans eine, für das Großsegel zwei Minuten.
Dafür braucht man lediglich einen Karabinerhaken am Baumbeschlag und ein Schmeerreep, das vom Baum durch die Reffkausch zurück zum Baum und über einen Führungsblock entweder mit oder auch ohne eine Talje zur Klampe läuft. Um das Segel zu reffen, gibt man etwas Lose in das Großfall, hakt den Karabiner in die vordere Reffkausch und holt das Schmeerreep dicht. Und das wäre es schon. Mit den Reffbändseln kann man sich später und in Ruhe beschäfti-

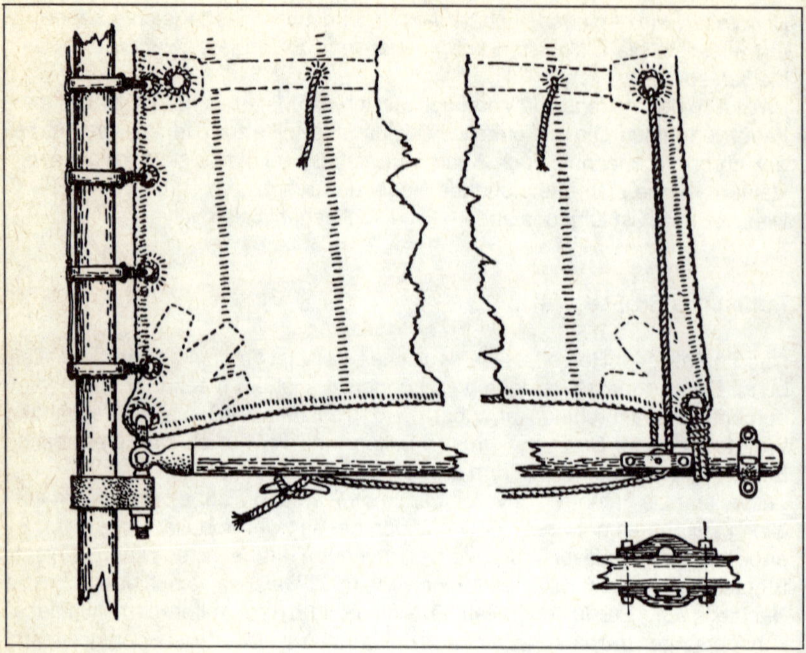

Abb. 11 Reffen mit Refftalje

gen – die eigentliche Segelverkleinerung, auf die es ja ankommt, erreicht man auf diese Weise jedenfalls sehr schnell, und das Reff hält auch, vorausgesetzt, die Talje bzw. das Reep ist in Ordnung.

Das Patentreff stellt dagegen, abgesehen davon, daß es langsamer arbeitet, ein schwaches mechanisches Glied an entscheidender Stelle dar. Wenn es nicht mit einer unhandlichen Vorrichtung versehen ist, läßt es den Baum ins Cockpit sinken. In dunkler, windiger Nacht neigt es dazu, sonstiges Gut mit einzurollen, und es ist in seiner Funktion vollkommen abhängig entweder von Knarre und Pall oder einem Schneckengewinde. Wenn diese ausklinken oder brechen sollten, gerät man in Schwierigkeiten – nicht nur, daß man plötzlich ausgerefft dasitzt, vielmehr muß man sich eine neue Reffmethode ausdenken.

Kurz: Bei Versagen wird das Patentreff gefährlich, während die Folgen bei Versagen der herkömmlichen Reffmethode unerheblich bleiben.
Beim Bergen der Segel muß der Baum (oder die Bäume) in einem besonderen Baumgalgen oder einer Baumstütze gehaltert und gelascht oder auf andere Weise festgehalten werden, ohne dabei von der Großschot abhängig zu sein.
Eine Baumschere ist ein Greuel; irgendwann in einer dunklen Nacht wird sie einem die Finger abhacken – man verdient es nicht anders, wenn man eine an Bord hat.

Sturmgeschirr und -ausrüstung

In jedem Buch über das Fahrtensegeln findet man Angaben darüber, was man in dieser Hinsicht an Bord haben sollte. In jedem Fall sollte man dafür sorgen, daß die folgenden Ausrüstungsgegenstände mit dabei sind:

- Zwei Anker mit ausreichender Kette und Trosse; die letztere sei möglichst aus Nylon (Perlon). Ein schwerer Stockanker und ein Pflugschar- oder Danforth-Anker. Ein dritter als Reserve.
- Sicherheitsleinen. Kurze Enden aus gutem Tauwerk mit einer Bucht für die Talje und einem Karabinerhaken am anderen Ende, um an einem Stag oder einem anderen festen Punkt eingepickt werden zu können. Eine für jedes Besatzungsmitglied.
- Eine oder mehrere starke, faserige (Kokos-)Trossen von – je nach Bootsgröße – 30 bis 70 m Länge zum Nachschleppen (unter anderem), um eine Bremswirkung zu erzielen, wenn dies notwendig wird.
- Schutzkleidung; kein langer Mantel, sondern Jacke und Hose oder Overalls.
- Wenigstens ein Rettungsring in Hufeisenform mit fest angebrachter langer Leine.
- Wenigstens ein Rettungsring in Hufeisenform mit selbstzündendem Nachtlicht.
- Für jedes Besatzungsmitglied einen Sicherheitsgurt.
- Eine zuverlässige Lenzpumpe zur Handbedienung – eine, die wirklich etwas leistet.
- Bei Vorhandensein einer Maschine eine mechanische Lenzpumpe. Man sorge dafür, daß die Saugstutzen zugänglich sind.
- Öl, je zähflüssiger, desto besser. Altöl reicht aus.
- Ein Treibanker. In verschiedenen Büchern wird der maximale Durchmesser mit ein Zehntel der Wasserlinienlänge angegeben.

Diese Liste erhebt keinen Anspruch auf Vollständigkeit, sondern soll lediglich Anhaltspunkte bieten.

Klampen, Augbolzen und Decksbeschläge sollten generell nicht verschraubt, sondern mit einem Gegenstück unter Deck verbolzt werden. Dies gilt ebenso für Winschen, Backstagshebel und ähnliche Beschläge. Ausgeschlossen da-

von sind lediglich Mastbeschläge, die gezwungenermaßen verschraubt oder mit einem Mastband verbunden werden müssen.
Backstagshebel müssen mit einer leicht zu handhabenden Sperrvorrichtung versehen sein, um unabsichtliches Lösen zu vermeiden. Die Bolzen aller wichtigen Schäkel müssen gesichert werden.
Niemals darf ein Fall oder sonstiges laufendes Gut mit einem Kopfschlag belegt werden. Die einzige Ausnahme in dieser Hinsicht ist ein Fall, mit dem ein Mann in den Mast vorgeheißt und dort gehalten werden soll.
Außer den üblichen Marlspiekern, Messern, Schraubenschlüsseln und Zangen sollten immer eine Handtalje, eine gute, starke lange Leine (Nylon oder Perlon) und eine Reihe vernünftig dimensionierter Klappblöcke an Bord sein, die in erreichbarer Nähe verstaut und in Ordnung gehalten werden sollten. Außerdem bringe man Augbolzen in der Weise an, daß man über darangeschäkelte Blökke mit der Ankerwinsch nach allen nur möglichen Punkten und Richtungen eine Zugwirkung ausüben kann, ohne daß die Leine an den Aufbauten schamfilt.
Der Gebrauch von Nylon- oder Perlonleinen ist eine Frage der Finanzen. Ihre Stärke ist enorm, doch sind sie, obwohl viel widerstandsfähiger als Manila oder Hanf, auch der Schamfilgefahr ausgesetzt. Nylonleinen eignen sich auf Grund ihrer Elastizität auch gut zum Ausbringen eines Treibankers und zum Festmachen. Eine gute Lösung für einen Segler, der nicht über unerschöpfliche Mittel verfügt, wären Schoten aus Manila oder Hanf, Fallen aus Draht mit Perlonvorläufern und einige Nylonleinen zum Festmachen und für Notfälle.
Etwa das gleiche wäre zur Verwendung rostfreien Stahls als stehendes Gut zu sagen. Gut und schön, wenn man es sich leisten kann. Wenn man sich allerdings dazu entschließt, sollte man dafür sorgen, nicht ermüdenden Stahldraht zu bekommen; einige Sorten sehen nach fünf bis sieben Jahren noch immer so gut wie neu aus, doch neigen sie bei ständiger Vibration zur Kristallisation.
Ein paar Deckslampen an den Salingen sind vorzüglich, wenn man zusätzlich wenigstens zwei wasserdichte Signallampen bereithält.
Die kardanische Aufhängung des Kompasses in Mittschiffsrichtung sollte arretiert werden, was bedeutet, daß der Kompaß zwar auf Roll-, nicht aber auf Stampfbewegungen reagiert. Das gilt für gutes wie für schlechtes Wetter.

Sturmwarnung

Man befindet sich auf offener See, treibt bei Flaute umher, und das Boot rollt schwer in einer unerklärlichen, höher werdenden See. Das Barometer fällt ständig, der Himmel erscheint messinggelb, die Luft wird feucht, und man hat das ungute Gefühl, daß etwas nicht stimmt. Das alles läßt ahnen, daß (nicht mit Sicherheit) ein Wettersturz bevorsteht mit der Möglichkeit harter Winde, und wenn man das Radio anstellt, sagt der Wetterfrosch vielleicht gerade voraus, daß ein Tief im Anmarsch ist.

Zunächst suche zu beurteilen, welcher Art der Wind sein wird, besonders aus welcher Richtung er kommen und wie sich diese möglicherweise ändern wird. Befindest du dich in einer Hurrikan-Gegend während der kritischen Monate, überprüfe die Anzeichen und stelle fest, ob du dich in der Bahn des Wirbelsturms befindest. Laß dir keine grauen Haare darüber wachsen, wie stark wahrscheinlich oder möglicherweise der bevorstehende Wind sein wird – dagegen ist doch nichts zu tun, und Aufregung führt nur zu Magengeschwüren.

Sammle alle erreichbaren Fakten, würze sie mit Wissen, rühre das Ganze mit Verständnis an, und zeichne eine Wetterskizze in die Karte. Danach mache so gut du kannst deine Vorhersage darüber, welcher Art die Störung und die von ihr hervorgerufenen Winde sein werden und wie lange sie wohl dauern wird. Behalte das Barometer im Auge; setzt der Wind schließlich ein und wird stetig, stelle die wahrscheinliche Lage des Zentrums und dessen Zugbahn fest. Die Crew (wenn vorhanden) kann sich damit beschäftigen, das Schiff klarzumachen, alles festzuzurren und zu verstauen und das Sturmgeschirr bereitzulegen. Das alles darf nicht lange dauern. Zu diesem Zeitpunkt ist es wahrscheinlich noch nicht notwenig zu reffen; wir haben ein Segelschiff und sollten den Wind solange wie möglich nutzen.

Sorge dafür, daß jeder eine vernünftige Mahlzeit bekommt, und mache einen Rundgang über Deck, um nach dem Rechten zu sehen. Anker gelascht? Blenden und Steckschotten griffbereit? Sturmsegel, Trossen, Treibanker, Öl und Scheinwerfer gebrauchsfertig? Lenzpumpen in Ordnung? Alles Bewegliche unter Deck verstaut und gezurrt? Ölstand normal, Maschine und Starter klar? Rettungswesten, Sicherheitsgurte und sonstige Rettungsgeräte parat und einsatzfähig? Und weiß die Crew, wo sie liegen und wie sie zu benutzen sind? Wenn das alles vorbereitet ist, setze dich an die Karte und überlege deine Strategie.

Strategie

Zunächst versuche zu vermeiden, daß du ermüdest. Hast du eine Crew, laß sie die Hauptarbeit machen – sie verlangt möglicherweise in Kürze nach einem klardenkenden und nicht von Müdigkeit zerschlagenen Schiffer.
Die Standorte, einen schweren Sturm abzuwettern, sind in der Reihenfolge ihrer Güte:

- Vertäut oder vor Anker in „sicherem" Hafen oder Zufluchtsort.
- Auf offener See.
- In Landnähe.
- Vor Anker oder vertäut in „unsicherem" Hafen oder Zufluchtsort.
- Auf Legerwall.

Zwischen den beiden letzten fällt die Entscheidung nicht schwer – beide sind schlechte Möglichkeiten. Doch wollen wir der Reihe nach gehen.
Es gibt weniger „sichere" Häfen, als man denkt, und Yachten erleiden öfter Schaden im Hafen als auf offener See. Ein guter Liegeplatz am Kai muß vor Seegang und Sog geschützt sein, und die Festmacher sollten verdoppelt oder verdreifacht werden. Man bedenke auch, daß der Tidenhub den Normalwert um bis zu 4 bis 5 m überschreiten kann, deshalb bringe man alle vorhandenen Fender aus. Es gibt nicht viele sichere Liegeplätze, weswegen auch nach schwerem Sturm ramponierte Rümpfe mit verbitterten Eignern verloren in den Häfen umherdriften.
Eine Muring, um die das Schiff schwojen kann, ist viel besser und normalerweise sicher, außer vor Booten, die sich selbständig gemacht haben.
Auf See erfordert die Strategie einige Überlegung. Hat man sich vergewissert, daß man sich in der Bahn eines Zyklons oder einer Depression befindet, spute man sich, möglicherweise unter Zuhilfenahme der Maschine, von der Zugbahn freizukommen. Lies noch einmal über Regeln und zu treffende Maßnahmen im Kapitel „Hurrikane, Zyklone und Taifune" nach, doch bedenke bei ihrer Anwendung, daß sie vor allem für große Schiffe gedacht sind, die einen Kurs noch unter Bedingungen halten können, die uns zum Nichtstun zwingen. Als Wichtigstes wäre hier zu bemerken, daß die Segel geborgen sein müssen, bevor die Verhältnisse dies unmöglich machen; wenn es soweit gekommen ist, greife auf „Taktik und Verhaltensweisen" zurück, die bald näher erläutert werden.
In Landnähe wird man unter Umständen vor schwierige Entscheidungen gestellt, von denen jede immer unter Berücksichtigung der wichtigsten Grundregel aller strategischen Überlegungen gefällt werden sollte.

● *Gerate niemals während eines Sturms auf Legerwall*

Es ist von entscheidender Bedeutung, daß keine deiner Maßnahmen dieses Risiko einschließt. Wenn du mit einer offenbar längerwährenden Störung zu tun hast, muß deine Strategie alle nur möglichen Entwicklungen für mehrere Tage im voraus in Betracht ziehen.
Wir wollen jetzt überlegen, in welche Situationen man in engen Gewässern während eines Sturmes geraten kann.

● *In Luv liegt ein guter Hafen oder Zufluchtsort*

Willst du dort unter Schutz gehen, hole das Letzte aus deinem Schiff heraus. Selbst wenn du nicht hingelangst, bevor der volle Sturm dich trifft, kommst du doch von Land, wo weniger See stehen wird. Außerdem läßt du unter Umständen eine Leeküste achteraus. Vorsicht! Besteht die Möglichkeit einer Winddrehung, so daß der Hafen in Luv zu einem solchen in Lee wird? Wenn du so etwas vermutest – nun denn, ich habe bereits gesagt, daß in diesem Fall einige brenzlige Entscheidungen auf dich warten. Du bist Schiffer, und es liegt an dir, zu entscheiden, ob es sicherer ist, auszuharren oder weiterzusegeln.

● *In Lee bietet sich guter Schutz*

Kannst du dorthin gelangen, bevor das Wetter so bösartig wird, daß es ein Einlaufen in den Hafen unmöglich macht? Bist du dir dessen ganz sicher? Auf denn, und zwar schnell! Doch bedenke, daß die Mehrzahl der Häfen an Leeküsten bei schlechtem Wetter nicht anzulaufen sind; wenn du also ankommst und feststellen mußt, daß du nicht einlaufen kannst, hast du gegen unsere Grundregel verstoßen – du liegst auf Legerwall und kommst in Schwierigkeiten.

● *Sturm kommt auf, während dicht in Lee Land ohne guten Schutz liegt*

Setze so viel Segel, wie das Boot vertragen kann, hole dicht die Schoten, gehe an den Wind, und laufe nach See. Laß es nicht soweit kommen, daß etwas brechen könnte, doch knüpple dein Schiff bis an die Grenze des Möglichen. Fahre deine Rennflagge, wenn du willst; wenn auch nur, um dich und die Crew daran zu erinnern, daß es um ein Rennen mit einem Gegner geht, der keine Skrupel kennt.
Nimm die Sache mit dem Seeraum nicht zu leicht. Man kann ihn nicht nach Wunsch im Laden an der Ecke kaufen, und sehr häufig ist er für uns ohne große Bedeutung. Doch wenn er benötigt wird, stellt er eine sehr brauchbare Ware

dar, um die man unter Umständen zu kämpfen hat, weil einem gar nichts anderes übrigbleibt.
Die erwähnten Fälle sind natürlich Lehrbuchbeispiele, während in der Praxis immer irgendwelche anderen Faktoren unsere Entscheidungen mitbestimmen werden. Das Seehandbuch des betreffenden Gebiets wird ein wertvoller und beredter Ratgeber sein, obgleich seine Auskünfte keineswegs immer dem Seelenfrieden dienen; man darf bei seiner Benutzung nie vergessen, daß es im Grunde für Kapitäne von Schiffen gedacht ist, die größer als das unsrige sind.

Taktik und Verhaltensweisen

Du hast also deine wohlbegründete Vermutung über die Art des nahenden Tiefs und glaubst, es werde sich zu vollem Sturm gewissermaßen wie aus der Familienpackung entwickeln. Dein Schiff ist klar für schweres Wetter, die Besatzung versorgt und über die Lage in Kenntnis gesetzt. Du hast deine Strategie entwickelt, und die Zeit ist gekommen, sie in die Tat umzusetzen.
Schließt dein Plan „Ausreißmanöver" ein, willst du also unter Schutz laufen, der Zugbahn eines Hurrikans aus dem Wege gehen oder Seeraum gewinnen, treibe dein Boot so schnell voran, wie es die Sicherheit erlaubt. Fahre die Segel nicht so lange, daß Berge- oder Reffmanöver gefährlich werden, doch reffe zögernd und nur dann, wenn es notwendig wird, und behalte Höchstfahrt im Schiff; laß, wenn vorhanden, die Maschine mitlaufen. Das Schiff wird feucht und recht unruhig sein und der Mannschaft einige Flüche entlocken, wenn es heißt, die Sturmsegel anzuschlagen, doch du hast ein Ziel, das du so schnell wie möglich erreichen willst – so bleibt dir keine andere Wahl.
Läufst du einen Hafen an, sorge dafür, daß das Boot gut festgemacht liegt, und laß die Crew an Bord bleiben. Die Wonnen der Zivilisation kann sie gern auskosten, wenn es sich ausgeweht hat, doch in Verhältnissen, wie sie uns bevorstehen, sind einige Alle-Mann-Manöver so gut wie sicher – Leinen sind neu auszubringen oder Fender zu versetzen, wenn nicht Schwierigeres. Liegst du vor Anker in Lee einer Insel etwa, kannst du ausspannen, solange einer Ankerwache geht und darauf achtet, daß nichts schamfilt und das Schiff nicht auf Drift geht.
Befindest du dich auf Langfahrt weitab von Land und besteht keine Notwendigkeit, Reißaus vor der Bahn eines Hurrikans zu nehmen, ist die Sache weniger kompliziert. Niemand zwingt dich, günstigen Wind zu vergeuden. Deshalb seg-

le gelassen weiter, wie der zunehmende Wind es erlaubt, und reffe beizeiten, um die Besatzung nicht unnötig zu belasten. Bist du ziemlich sicher (oder vermutest du), daß wirklich starker Wind bevorsteht, verhalte dich etwa so: Birg rechtzeitig alle Leichtwettersegel. Mache unter vollen Segeln weiter, bis das Boot sich dagegen wehrt. Denke weder an Reffen noch an Sturmsegel. Birg alle Segel, und gehe zu Überlebensmaßnahmen über, solange du noch kannst. Wir wollen annehmen, daß deine Vermutung über die Art des Sturmes richtig war.

In Wahrheit wirst du dich mit Winden von Stärke 11 und Sturmseen herumschlagen müssen.

Überlebensmaßnahmen

Verschiedene Verteidigungsmaßnahmen stehen dir zur Verfügung, du kannst
- beidrehen,
- Treibanker vom Bug ausbringen,
- Treibanker über Heck ausbringen,
- Ablaufen mit oder ohne Trossen oder anderen Schleppbremsen,
- vor Topp und Takel lenzen – das heißt, alle Segel bergen und das Schiff sich selbst überlassen.

Bei jeder dieser Methoden besteht die Möglichkeit, zusätzlich noch Öl zu verwenden.

Beidrehen

Beim Beidrehen liegt der einzige vernünftige Zweck darin, die Abdrift zu verhindern oder doch zu verringern; der Kurs wird annähernd rechtwinklig zum Wind verlaufen, wobei das Schiff möglicherweise noch etwas Fahrt voraus macht.
Man sollte auf dieses Mittel nur dann zurückgreifen, wenn man nicht weiter nach Lee versetzt werden will, denn entgegen landläufiger Meinung wird einem Schiff beim Beidrehen Gewalt angetan, und man kann bei Zunahme des Windes in arge Bedrängnis geraten.
Zunächst einmal wird das Boot etwa 6 Strich oder mehr am Wind liegen und seine großflächige, glatte „Wange“ der vollen Wucht ankommender Seen aussetzen; ganz sicher würde es weit weniger beansprucht, könnte es sie der Länge nach nehmen.
Außerdem wird unter derartigen Umständen ein wenn auch nur winziges Segel mit allem, was dazugehört – Schotten, Klampen, Stage, Mast, kurz das gesamte Boot –, ganz erheblich beansprucht. Und wenn irgend etwas bricht, steht man da und versucht sich in dem Durcheinander zurechtzufinden unter Bedingungen, die nicht gerade dazu angetan sind, überhaupt irgend etwas zurechtzuschustern.
Drittens – und das ist wichtig – hat man, weht der Wind sehr viel stärker als mit Beaufort 11, die nicht gerade beneidenswerte Aufgabe, sämtliche noch stehenden Segel zu bergen und sich eine andere Taktik auszudenken.

Wenn einem dabei irgendein Fehler unterläuft, kann das nicht nur ein paar Finger, sondern auch das Leben eines oder mehrerer Besatzungsmitglieder kosten, denn das Vordeck eines kleinen Schiffes wird dann zu einem Schlachtfeld, das keinerlei Pardon kennt. Grünes Wasser an Deck bedeutet unweigerlich, von jedem Hand- oder Fußhalt weggerissen zu werden, und man kann dann nur hoffen, den Sicherheitsgurt an irgend etwas Stabilem befestigt zu haben. Wenn man das nicht selbst erlebt hat, hat man keine Vorstellung, mit welcher verächtlichen Gleichgültigkeit eine schwere See einen Mann mit sich reißt, der sich auch noch so krampfhaft an irgend etwas festklammern mag.
Deshalb frage man sich als Schiffer, ob man berechtigt ist, bei schlechter werdendem Wetter beizudrehen und die Besatzung bei etwa plötzlich zunehmendem Wind und höher werdender See solchen Gefahren auszusetzen.
Viertens, doch das ist nicht so entscheidend, ist ein während eines Sturms beigedreht liegendes Schiff nichts als eine abscheuliche, rollende, krachende, ohrenbetäubende, triefende Hölle. Jede normale Betätigung ist unmöglich; schwer genug ist es, sich in der Koje zu halten oder gar einen klaren Gedanken zu fassen.
Die Moral daraus ist: Dreh nicht bei, wenn du es nicht *mußt.*
Viele Eigner starker Motorboote halten es für vernünftig, „gegenanzudampfen". Das hängt davon ab, was das Boot vertragen kann, doch habe ich nie mit dieser Methode geliebäugelt aus dem einfachen Grund, weil das Schiff, sollte die Maschine(n) irgendwie den Dienst verweigern oder Wind und See in solchem Maß zunehmen, daß man kein Ruder mehr im Schiff hat, ohne etwas dagegen tun zu können, quer zur See treiben wird, was dem Schiff möglicherweise gar nicht behagt. Die anderen Methoden werden in späteren Kapiteln behandelt.

Treibanker

Über dieses Thema kann jeder, vom Schiffer bis zum Schiffsjungen, Vorträge halten, ohne befürchten zu müssen, auf fundierte Gegenargumente zu stoßen, denn obwohl jeder Verein seinen Anteil „Treibankerexperten“ zu bieten hat, werden diese doch, hat man sie erst einmal festgenagelt und ins Kreuzverhör genommen, schließlich zugeben, daß sich ihre Erfahrung lediglich auf das beschränkt, was sie über Treibanker gelesen oder gehört haben. Ausgesprochen selten trifft man einmal jemanden, der tatsächlich davon Gebrauch gemacht hat – doch wie oft muß man einen Treibanker ausbringen, um ein ernstzunehmendes Urteil abgeben zu können?
Ich habe dreimal einen benutzt und jedes Buch darüber gelesen, das ich erbetteln, leihen oder stibitzen konnte.
Voss schwor auf seinen Gebrauch. Harry Pidgeon hatte nicht die geringste Verwendung dafür. Aus den Reihen der Hochseesegler hört man viele Stimmen für und wider, und der Autor glaubt, daß die Mehrzahl eine ablehnende oder doch zögernde Haltung einnimmt.
In der Vorstellung sind Treibanker natürlich die reinsten Wunderwerkzeuge (Abb. 12). Es heißt, der Durchmesser müsse wenigstens ein Zehntel der Wasserlinienlänge betragen. Das Geschirr bilden die Treibankertrosse, die Einholleine und ein Block mit eingeschorener endloser Leine, um Ölbeutel zum Treibanker hinauszubringen. Die verschiedenen Leinen werden am Bug belegt und das ganze Gewudel über Bord gegeben. Und schon liegt man behaglich, so denkt man, Kopf zur See in einer riesigen glatten Öllache, die man jederzeit wieder auffrischen kann, indem man über die Verholleine einen leeren durch einen vollen Ölbeutel ersetzt. Was ist dann eigentlich noch gegen einen Treibanker zu sagen?
Die See auf der Abbildung stammt von mir, wodurch die Zeichnung nicht schöner geworden ist. Wenn die Yacht 9 m Länge mißt, ist die abgebildete See auch 9 m hoch – was eigentlich das Minimum darstellt für Verhältnisse, wie sie in diesem Buch behandelt werden. Es ist nur zu wahrscheinlich, daß wir Seen von zwölf oder mehr Metern Höhe antreffen werden. Bei einem Blick auf die Abbildung denke man daran, daß ein Treibanker eine *gewaltige* Zugbelastung ausübt, und man sollte sich fragen, ob dieser Treibanker das Boot dabei unterstützt, über die See hinwegzukommen – selbst wenn es sie zufällig genau von

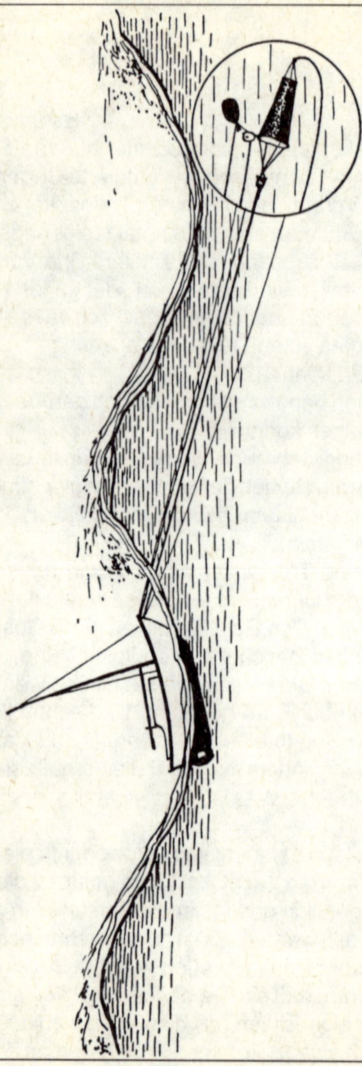

Abb. 12 Der klassische Treibanker

vorne nehmen sollte. Die Antwort ist, natürlich, *nein*; vielmehr zieht er den Bug nach unten, droht das Boot in der See zu begraben und durch sie hindurchzuzerren, was gerade nicht das Richtige ist.

Wie man sieht, gibt es keine Vorrichtung, die den klassischen Treibanker davor bewahrt, sich zu drehen – und er wird sich so vertörnen, daß sich die verschiedenen Leinen schließlich alle zu einer massiven Trosse verdrehen. Brächte man diesen ganzen Wust an Land, würde es sicher einige Stunden dauern, bis man die Einholleine daraus befreit, geschweige denn wieder gebrauchsfertig hätte. Angenommen, wir komplizieren das Ungetüm durch eine zusätzliche Anti-Drehvorrichtung – ein schweres Gewicht wie einen kleinen Anker etwa –, wird es dennoch unwahrscheinlich sein, daß alle vier Parten im Wellengetose klar voneinander bleiben; sie werden unweigerlich übereinandergewaschen und sich schließlich wieder mit der Trosse verknäueln.

Doch wollen wir das Problem positiv betrachten und annehmen, daß die vier Leinen einander nichts tun. Wie ist es dann aber vorstellbar, bei Windstärken um Beaufort 12 und über 9 m hohen Wellen auf dem Vordeck zu sitzen und kleine Ölbeutel zum Treibanker zu bugsieren? Ich glaube einfach nicht, daß dies auf einem kleinen Boot jemals in der Geschichte der Segelei vollbracht worden ist. Es gibt verschiedene andere Methoden, Öl auszubringen. Wenn die Seen aber erst einmal so gefährlich geworden sind, daß sie nach Öl „lechzen", wird man sich ganz gewiß nicht auf dem Vordeck postieren können, um Ölbeutel hin und her zu fahren – letzten Endes wird es überhaupt unmöglich sein, sich auf dem Vordeck aufzuhalten, wenn man Bug gegen die See vor Treibanker liegt. Man kann noch einen weiteren Punkt gegen den Treibanker vorbringen, der weder aus der schmucken Zeichnung noch aus den Seehandbüchern zu ersehen ist. Allgemein wird angenommen, daß der Zug des Ankers das Boot stetig gegen Wind und See halten würde. Normalerweise reagiert aber nur ein Schoner oder ein ähnliches Fahrzeug, dessen größter Windfang achterlicher als der Lateraldruckpunkt liegt, wie ein Wetterhahn und legt den Kopf in den Wind: Man sehe sich nur einmal bei hartem Wind Boote an ihrer Muring an, um sogleich zu erkennen, wie sie (liegen sie nun vor Grund- oder Treibanker) unaufhörlich schwojen – und je härter es weht und je höher die See, desto größer wird der beschriebene Radius. Das heißt nichts anderes, als daß das Schiff während 90% der Zeit einem mehr oder weniger seitlichen Anprall der Seen ausgesetzt ist, so daß die Ankerleine enorm belastet wird. Außerdem wird das Ruder in kaum vertretbarer Weise beansprucht.

Die Mehrzahl der Yachten schwojt weniger, wenn der Treibanker über das Heck ausgebracht wird. Das muß allerdings jeder mit seinem Boot selbst ausprobieren. Wenn ein großes offenes Cockpit vorhanden ist und das Achterschiff nur geringen Freibord hat, wird diese Methode wohl nicht sehr brauchbar sein. Als ich das erste Mal einen Treibanker erprobte, tat ich es nicht aus einer Notwendigkeit heraus, sondern lediglich aus Neugier, wie das Boot darauf reagieren würde. Das Schiff war ein etwa 16 m langes Fischereifahrzeug mit Yachtheck und steilem Vorsteven ohne viel Überhang. Es hatte lange mit ungefähr 8 bis 9 Windstärken geweht, und die Seen waren ungefähr 4,50 m hoch. Wir riggten den Treibanker in klassischer Weise mit Einholleine, Ölbeutelleine und Beutel und brachten ihn über den Bug aus. Als Zug darauf kam, war jeder von dessen Heftigkeit überrascht, während das Schiff willig aufkam, als ob es normal vor Anker läge. Im gleichen Augenblick begann der Treibanker wie toll zu rotieren, und in kürzester Zeit hatte sich alles zu einem Knäuel verheddert, das zu entwirren uns Stunden kostete. Der Anker hatte seine eigentliche Aufgabe voll erfüllt, indem er die Abdrift auf weniger als 2 kn verringerte; doch das Boot gierte heftig über 45° nach beiden Seiten. Überhaupt lagen wir viel unbehaglicher als während der vorangegangenen Motorerei oder treibenderweise.
Den zweiten Versuch machte ich an Bord eines 18 m langen Fischerbootes bei ähnlichen Verhältnissen, doch höherer See, und zwar auch dieses Mal aus reiner Experimentierfreude. Dabei benutzten wir nur den eigentlichen Treibanker ohne jeden Tand und Putz – sogar ohne Einholleine. Über den Bug ausgebracht, hatte er etwa die gleiche Bremswirkung wie beim vorangegangenen Versuch, doch um ihn an Bord zu holen, mußten wir die Winsch zu Hilfe nehmen – sämtliche neun Besatzungsmitglieder konnten ihn keinen Zentimeter an das Schiff heranbringen. Über das Heck ausgebracht, war seine Wirkung auf das Boot weit beruhigender, was zu erwarten war, da sämtlicher Windfang vorne lag; doch mußte dabei das breite Plattgattheck des öfteren harte Schläge einstecken.
Bei der dritten Gelegenheit wurde es allerdings bitterer Ernst, und zwar auf einer 7,60 m langen Kreuzeryacht konventioneller Bauart, die gaffelgetakelt war und ein Plattgattheck besaß. Wir befanden uns in Höhe von Bashee Point an der Ostküste Afrikas, wo der Moçambique-Strom eine Geschwindigkeit von etwa 4 kn erreicht. Der Wind wehte ganz sicher mit 70 kn (Stärke 12), vielleicht aber noch sehr viel stärker. Weiterhin stand er genau gegen den Strom, der die Seen in schreckenerregende, steilwandige, dicht aufeinanderfolgende Klippen zerhackte. Mit einem Wort: Die Wellen waren unnatürlich kurz. Es war Nacht

und blitzte unaufhörlich. Ich konnte die Höhe der Wellen nur annähernd schätzen, doch wenn wir mit dem Heck zur See auf deren Vorkante lagen, war von dieser vor und hinter dem Schiff sicher noch jeweils mindestens eine Bootslänge vorhanden. Wir liefen vor den Seen, unter kahlem Mast, und wurden fürwahr sehr naß, segelten wir doch ebenso unter wie über Wasser. Wir hatten mehr als ausreichenden Seeraum – die nächste Leeküste war die von Arabien, 5000 sm entfernt. Doch selbst ohne Segel machten wir mehr Fahrt, als mir lieb war, und die Seen wurden in bedrohlicher Weise steiler, als ob sie es darauf anlegten, uns zu überrennen oder querschlagen zu lassen.

Deshalb entschlossen wir uns, zur Herabsetzung der Geschwindigkeit den Treibanker auszubringen. Von den drei Besatzungsmitgliedern war eines meine Frau, so daß bei einem Mann an der Pinne die zwei anderen die vielversprechende Aufgabe hatten, den Treibanker aus dem Vorschiff, durch die Kajüte auf das Brückendeck zu schleppen und dann zu verhindern, daß er über Bord geweht wurde. Zu guter Letzt brachten wir es fertig, ihn über das Heck auszubringen, und zwar lediglich mit Trosse und Einholleine versehen. Das Schiff legte sich in seine Richtung, ein plötzlicher gewaltiger Ruck belastete alles bis zur äußersten Grenze, und die folgende See schien glatt über uns hinwegzugehen.

Der Fehler war, daß wir nicht mit ausreichender Überlegung gearbeitet und den Strom nicht bedacht hatten. Wir hatten nichts anderes getan, als den Treibanker in eine mit 4 kn laufende Strömung zu werfen, mit dem Ergebnis, daß diese uns jetzt mit aller Kraft Heck voraus gegen Wind und See zu zerren versuchte. Später fanden wir heraus, daß unsere Fahrt über Grund auch ohne Treibanker nach Luv hinführte. Das Geschirr hielt der Belastung nicht stand. Nach vielleicht drei weiteren Seen brach die starke eichene Achterklampe, an der die Trosse belegt war, so daß wir eine Weile vor der Einholleine lagen, die nebenbei eine weit angenehmere Bremswirkung hatte als die Trosse. Kurz danach brach auch sie, und wir trennten uns vom Treibanker, ohne ihm besonders nachzuweinen.

Wir brachten einige Trossen aus und kamen heil und sicher durch.

Das folgende ist noch von Bedeutung. Der Sturm hatte sich etwa gegen 16 Uhr zu seiner vollen Stärke entwickelt, als wir querab von Hole-in-the-Wall standen, einem markanten Punkt an der Küste. Danach lenzten wir etwa drei Stunden lang unter Sturmfock, um für den Rest der Zeit vor kahlen Masten (später mit nachgeschleppten Trossen) abzulaufen – abgesehen natürlich von dem fünfminütigen Zwischenspiel mit dem Treibanker. Genau nach 24 Stunden wurde

Abb. 13 Segel als Treibanker

das Wetter für uns handig genug, um Segel zu setzen und unter Land zu laufen. Wir machten unseren Landfall 20 sm in Luv von Hole-in-the-Wall! Während wir also vom Wind und See abliefen, gab uns ein 4-kn-Strom eine Fahrt über Grund gegenan von beinahe 1 kn. Die Lösung ist einfach: Wasser ist 600mal dichter als Luft.
Um auf die Vor- und Nachteile des Treibankers zurückzukommen: Er hat viele Mängel und nur einen wirklichen Vorzug: Er hält die Abdrift in Grenzen. Dadurch werden eigentlich alle Nachteile aufgewogen. Es ist wie beim Beidrehen: Benutze einen Treibanker nur dann, wenn er zur Verringerung der Abdrift notwendig wird. Führe stets einen guten Treibanker an Bord, und finde heraus, wie er am vorteilhaftesten zu verwenden ist.

Segel als Treibanker

Von dieser Möglichkeit hörte ich über einen Italiener, der als junger Mann Fischer in der Adria gewesen war. Die dort benutzten Boote waren gaffelgetakelte Doppelender von etwa 6,00 m Länge. Zuweilen kann die Adria eine ekelhaft kurze See aufwerfen, die jedem kleinen offenen Boot gefährlich werden kann. Abb. 13 zeigt, wie die einheimischen Fischer damit fertig wurden.
Sie schlugen das Segel vom Mast, jedoch nicht vom Baum und der Gaffel ab und führten die Großschot wie Zügel an die Baumnocken. Großsegel, Baum und Gaffel wurden dann an kurzer Leine über den Bug ausgebracht. Mein Gewährsmann versicherte, daß das Großsegel, das platt auf dem Wasser lag, die Gewalt der Seen verpuffen ließ und sich in Lee von ihm ein Streifen glatten Wassers bildete, in dem das Boot sicher lag. Wenn die Seen niedriger wurden, nahm man das Ganze wieder an Deck, setzte das Großsegel, und weiter ging es. Ohne für Erfolg garantieren zu können, gebe ich diesen Vorschlag weiter mit der Bemerkung, daß er sicher einen Versuch wert ist.

Ablaufen vor dem Wind und Nachschleppen von Trossen

Diese Methode ist heute in Mode gekommen, und sie gründet sich auf vernünftige Überlegungen.
Vor dem Wind fordert man zwei Gefahren herauf: überrannt zu werden oder querzuschlagen. Je höher die Fahrt, desto drohender werden sie, da sich die

Abb. 14 Ablaufen vor der See mit nachgeschleppten Trossen

Seen im Kielwasser aufbauen, steiler werden und entweder an Deck brechen oder das Boot packen, es querschlagen lassen und auf die Seite werfen. Warum das Kielwasser selbst eines kleinen Schiffes diese deutliche Störwirkung auf nachfolgende Seen hat, ist nie ganz geklärt worden. Doch ist sie vorhanden, und deshalb muß man die Fahrt des Schiffes herabsetzen.
Trossen nachzuschleppen, hat dreifachen Wert. Sie fungieren als Bremsen, sie helfen, das Heck gegen die See zu halten, und sie scheinen einen beruhigenden Einfluß auf nachfolgende Seen zu haben. Das alles erfordert wenig technische Vorbereitung. Man nehme lediglich eine oder mehrere grobfaserige Trossen und schleppe sie nach. Man verlängere sie oder vergrößere ihre Anzahl, bis die Fahrt so stark verringert worden ist, daß die Seen achteraus nicht mehr gestört werden (Abb. 14).
Im Hinblick auf die beschwichtigende Wirkung, die nachgeschleppte Trossen haben, scheint es auf den ersten Blick vorteilhafter, mehrere Trossen mittlerer Länge als nur eine lange auszubringen, doch muß ich erst den Segler aufspüren, der genügend Erfahrungen auf diesem Gebiet sammeln konnte, um kompetente Auskunft geben zu können. Allerdings bin ich schon einer ganzen Anzahl von Leuten begegnet, die sich dazu berufen fühlten, obwohl sie überhaupt nichts von der Sache verstanden. Doch wer jemals gesehen hat, wie eine tosend brechende See in einer Zone lose verteilten Treibguts oder gar nur von untergetauchtem Seetang in unerklärlicher Weise gebändigt wird und in kürzester Zeit zu einer harmlosen wohlgerundeten Dünung wird, muß zugeben, daß die Idee nicht aus der Luft gegriffen ist und wir sie uns ruhig zunutze machen sollten.
Man belege die Trossen an etwas Stabilem. Ihre Zugwirkung ist größer, als man denkt, was sich zeigen wird, wenn man sie einholen will.

Vor Topp und Takel lenzen

Dies heißt, sämtliche Segel zu bergen, alles sicher zu zurren, das Boot sich selbst zu überlassen und sich mit einem guten Buch unter Deck zu verkriechen. Das mag wie grobe Pflichtverletzung aussehen, ist aber gute Seemannschaft. Der Gedanke ist, daß das Schiff eine ihm zusagende Lage einnimmt (normalerweise annähernd quer zum Wind) und durch seine Abdrift eine Blasenbahn in Luv bildet, die den ankommenden Seen ihre Gewalt nimmt. Die Pinne muß natürlich belegt und die dafür geeignete Stellung durch vorangegangene Versu-

che ermittelt werden. Verwende dafür Nylon- oder sonstiges Tauwerk, das sich geringfügig reckt, um das Ruder gegen Stöße abzufedern.
Es ist sicher nicht angenehm, so zu liegen, doch hat die Methode ihre Anhänger, und soweit bekannt, scheint sie ebenso sicher zu sein wie die anderen. Sie hat den zusätzlichen Vorteil, daß dabei das Schiff bewahrt bleibt vor einer Menge Menschen, die es unaufhörlich zwingen wollen, etwas zu tun, was es gar nicht will.
Liest man in den Berichten über kleinere Boote nach, die bei schwerem Wetter Schäden erlitten oder gar in Seenot gerieten, wird man feststellen, daß in erstaunlich vielen Fällen die Boote den Sturm heil überstanden hätten, wenn die Besatzung sie sich selbst überlassen und sich in die Koje begeben hätte. Zu den erfahrenen Fahrtenseglern, die diesen Gedanken unterstützen, gehören neben zahlreichen anderen Harry Pidgeon (9,65 m lange Yawl) und John Guzzwell (6,30-m-Yawl).

Ankern

Bietet sich Schutz in einer Bucht oder unter Land, wird es wahrscheinlich nicht nur möglich, sondern auch ratsam sein, sich vor Anker zu legen. Auf Legerwall sollte man allerdings nur ankern, wenn alle anderen Mittel versagen und es sich als letzte Möglichkeit erweist.

Wir wollen annehmen, daß sich an Bord das normale Ankergeschirr befindet, bestehend aus mindestens einem Stockanker sowie einem leichteren Pflugschar- oder Leichtgewichtanker.

Beim Anlaufen des Ankerplatzes suche man (vielleicht mit Hilfe des Seehandbuches) die günstigste Stelle in so geringer Wassertiefe, wie es die bestehende oder sich möglicherweise entwickelnde Brandung, unter Wasser liegende große Steine und die Gefahr einer Sturmflut erlauben. Kann man an Land irgendeine solide Festmachemöglichkeit entdecken, nutze man sie unter allen Umständen. Wenn man sich für einen Baum entscheidet, sollte man ein junges, starkes Exemplar nehmen, denn bei den Windverhältnissen, wie sie zu erwarten sind, könnten weniger starke Bäume ausgerissen werden. Ein oder zwei nach See hin ausgebrachte Anker müßten übermäßiges Schwojen verhinden. Eine zusätzliche zum Land hin ausgebrachte Leine im Winkel von etwa 45° zur ersten wäre nur nützlich.

Sollte der Wind beträchtlich drehen, käme man natürlich bei dieser Art des Vermurens in Schwierigkeiten, doch wollen wir in diesem Fall annehmen, daß derlei Überraschungen nicht zu erwarten sind.

Bei drohendem Zyklon kann man ohne Risiko nur in einem wirbelsturmsicheren Schlupfwinkel vor Anker gehen.

Ankern (Abb. 15 und 16) ist wieder ein Thema, über das man völlig verschiedener Meinung sein kann. In den Büchern steht, man sollte sein Schiff vermuren, das heißt vor zwei im Winkel von 45° ausgebrachte Buganker legen. Der Gedanke ist, auf solche Weise das Schwojen zu verhindern. Das mag für große Schiffe zutreffend sein; Yachten jedoch, die den größten Windfang vorne haben, reagieren gänzlich anders und belasten vielmehr, indem sie dennoch schwojen, die Anker jeweils einzeln, so daß man während der meisten Zeit eigentlich nur vor einem Anker liegt. Und wenn der Wind dreht?

Jeder Seemann weiß, daß erfolgreiches Ankern vor allem davon abhängt, daß man Zugbeanspruchung der Ankertrosse verhindert, deren Wirkung die wäre,

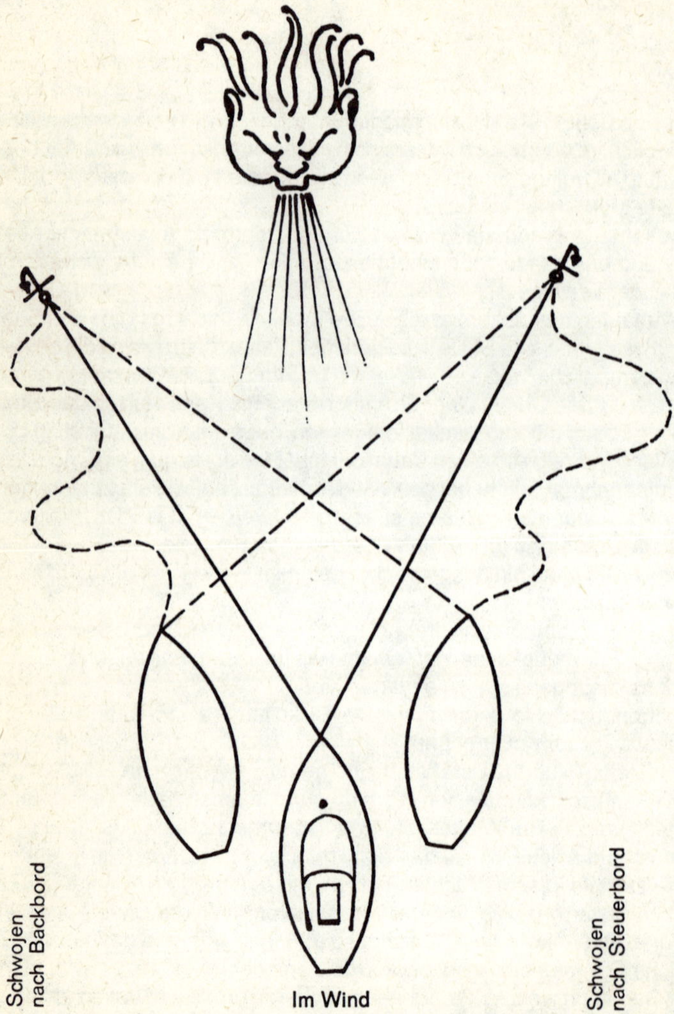

Abb. 15 Vermuren

daß der Ankerschaft angelüftet und die Flunken aus dem Grund gebrochen würden. Drei Methoden bieten sich an, Abhilfe dagegen zu schaffen: in flachem Wasser zu ankern, reichlich Kette zu stecken und diese mit Gewichten zu beschweren.
Abb. 16 zeigt das Verkatten von zwei Ankern für Notlagen wie in unserem Fall. Dazu verwende – selbstverständlich – die schwerste vorhandene Kette in ihrer ganzen Länge. Als äußeren nimm bei steinigem Grund den Stock-, bei weichem den Pflugschar-Anker. Den Zweitanker schäkele 5,00 bis 10,00 m dahinter an – bei großen Schiffen und entsprechender Kettenlänge in noch größerem Abstand –, fiere beide behutsam weg und lasse sie nicht etwa donnernd übereinanderfallen. Der Zweitanker gibt nicht nur zusätzliche Haltekraft, sondern fungiert auch als Gewicht, um den Schaft des äußeren Ankers parallel zum Grund zu halten. Als weiteres Gewicht kann man Ballasteisen an der Kette wegfieren, die mit Hilfe eines Gleitschäkels und einer Leine in Position gehalten wird. Diese Gewichte stationiere am äußeren Ende der Kette und nicht dicht am Schiff, da es sonst kopflastig werden könnte.
Nur bei schlechtestem Grund käme dieses Ankergeschirr ins Schleppen, doch wenn vorhanden, bringe ruhig weitere Anker aus; sie können nur helfen.
Stecke soviel Kette wie du kannst, und belege sie an etwas Erzsolidem; lege einen zusätzlichen Törn in Deckshöhe um den Mast, wenn du dem Poller nicht traust.

Wo immer bei Ankerleinen Schamfilgefahr besteht, unternimm sofort etwas. Stecke eben hinter den vorderen Lippen an der Leine ein Ende an, möglichst aus Nylon, das du nach achtern führst und so steif durchsetzt, daß es zu heftiges Einrucken auffängt.

Das Ende der Ankerkette im Kettenkasten sichere nicht mit einem Schäkel, sondern mit einigen Törns guten Tauwerks, so daß du, solltest du den Anker slippen müssen, dies mit einem Messerschnitt erledigen kannst, anstatt mit Schraubenschlüssel und Metallsäge einen rostigen Schäkelbolzen lösen zu müssen.

Die Segel solltest du abschlagen und unter Deck verstauen. Schlage dafür das Trysegel und die Sturmfock an, und tuche sie so auf, daß sie aussehen wie eine ägyptische Mumie.
Um das Schwojen soweit wie möglich einzuschränken, fiere ein schweres Gewicht vom Bug auf den Grund, aber denke daran, daß es weitergefiert werden muß, sollte die mögliche Sturmflut eintreten.

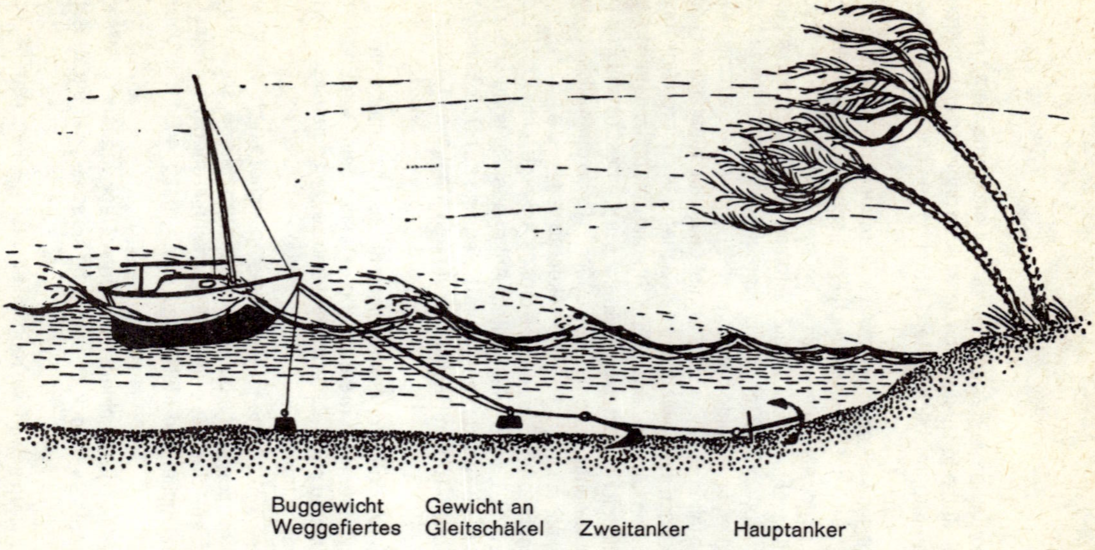

Abb. 16 Tandemanker (Verkatten)

Stelle die Ankerlaterne bereit, die elektrisch sein sollte, denn ich bin noch keiner begegnet, die bei Windstärke 11 nicht ausgeweht wäre.
Mache einige Peilungen, und teile die Ankerwache ein, um mögliches Schleppen und Schamfilgefahr unter Kontrolle zu haben. Sollten die Anker tatsächlich ins Schleppen kommen, bleibt dir nichts, als zu hoffen, daß sie neu fassen, oder sie zu slippen und unter Segel zu gehen. Zur Entlastung könntest du mit der Maschine gegenangehen.
Gesunder Menschenverstand und Vorbedacht sind bei allem von entscheidender Bedeutung. Das Boot auf Abb. 14 zum Beispiel käme in eine ausweglose Situation, sollte der Wind um 90° drehen; wir müssen also annehmen, daß der Schiffer weiß, daß es nicht so kommen wird.
Nachdem das Schiff in dieser Weise verankert und gesichert worden ist, hast du dein Möglichstes getan und mußt dich jetzt um die Besatzung kümmern. Läßt das sich nähernde Tief die Katastrophe schon ahnen, mußt du entscheiden, ob es nicht vielleicht besser wäre, es gingen alle an Land (wenn möglich) und ließen das Schiff sein Glück allein versuchen.
Schiffer sein heißt Verantwortung tragen.

Verwendung von Öl

Dieses Thema würde ich gerne irgendeinem Co-Autor überlassen, der ein besonderer Kenner in Fragen der Ölverwendung bei schwerem Wetter wäre, einem, der darin gehörige Praxis hätte und aus Erfahrung sprechen könnte. Da ich so einer Person jedoch weder begegnet bin noch von ihr gehört habe, müssen wir uns mit dem, was die Handbücher dazu sagen, andere Segler erfahren haben und dem zufriedengeben, was ich auf Grund eigener Versuche dazu beitragen kann.

Es gibt zahlreiche Methoden, das Öl auszubringen. Man kann es einfach über Bord gießen, Ölbeutel an wirkungsvoll erscheinenden Punkten aufhängen oder sie an Leinen nachschleppen; man kann es in das WC oder in die Bilge kippen und über Bord pumpen. Wofür man sich entscheidet, hängt von den besonderen Umständen und persönlicher Vorliebe ab.
In den einschlägigen Büchern findet man dazu verhältnismäßig klare Anweisungen: Unter den und den Bedingungen fiere man einen Ölbeutel über den Bug nach Luv oder gebe ihn nach Lee über Bord und so weiter. Für den Fall, daß man einem in Seenot geratenen Schiff zu Hilfe kommen will, solle man nach ihrer einhelligen Meinung in Luv des gescheiterten Fahrzeugs große Mengen Öl ausbringen und warten, bis die dadurch beruhigte Fläche das Schiff erreicht.

Man sei jedoch argwöhnisch gegenüber klugen Büchern. Die darin empfohlenen Praktiken mögen für große Frachtschiffe zutreffend sein (oder auch nicht), doch hat mir bisher jeder Segler, der mit Öl experimentiert hat, versichert, daß auf diesem Gebiet noch lange nicht genügend Erfahrungen vorliegen.
Wenn man zum Beispiel einem kleinen Schiff zu Hilfe kommen will, soll man zwar Öl in Luv von ihm ins Wasser geben, jedoch zunächst nur eine kleine Menge – um zu sehen, was dann geschieht. Ich habe so einen Fall erlebt, wobei die vom Öl beruhigte Fläche in Luv des Patienten blieb, jedoch nie in seine Nähe kam; das Schiff trieb vielmehr weiter und weiter davon ab. Danach kippten wir das Öl in Lee von ihm ins Wasser, was zur Folge hatte, daß das Schiff dort hineintrieb und eine Weile darin verblieb, bis es kurz darauf auf dessen Leeseite wieder hinaustrieb. Es scheint also, daß kleine Schiffe schneller treiben als Ölflecke.

Um Material zu sammeln, machten wir einige Experimente an Bord eines Fischereifahrzeuges und einer Yacht bei ziemlich rauher See, doch an sich optimalen Bedingungen, da wir uns nicht in geringster Gefahr befanden und ruhig und ungestört arbeiten konnten.
Hier sind die Ergebnisse, die ich, ohne jedoch irgendeine Garantie geben zu können, weiterleite.
Ölbeutel am Treibanker (dies war die Gelegenheit, als sich der Treibanker vollständig vertörnte): Ein ausgedehnter, ruhiger Fleck in Luv des Treibankers.
Vor Topp und Takel lenzend, wobei wir Öl in Luv und Lee ausbrachten: Ein großer ruhiger Fleck in Luv vom Schiff.
Vor der See mit nachgeschleppten Trossen ablaufend, wobei wir Öl vom Bug über Bord gaben: Ein großer ruhiger Fleck gut achteraus.
Beigedreht: Ein großer ruhiger Fleck gut voraus in Luv.
Kurz: Das Öl beruhigte in jedem Fall eine beträchtliche Fläche Wasser – jedoch dort, wo es uns nichts nützte. Wir kamen ein einziges Mal in die Mitte einer solchen Fläche und in den Genuß ihres Schutzes, als wir mit dem Fischerfahrzeug mitten hineinmotorten und uns dort durch einen gelegentlichen Pull vor- oder achteraus halten konnten.
Der Nutzeffekt selbst einer kleinen Menge Öl bei grober See ist ganz außergewöhnlich. 2 l Öl, die sich über mehrere hundert Quadratmeter Wasser verteilen, werden dabei zu einem Film auseinandergezogen, der sich wohl nur in Tausendstel Millimetern ausdrücken läßt. Doch besänftigt diese irrisierende Schicht ankommende Brecher und nimmt ihnen jede Gewalt. Der Verbleib der in diesen Brechern doch vorhandenen enormen Energien ist mir ein Rätsel; es scheint unglaublich, daß sie von einem öligen Mikrofilm absorbiert worden sein sollen, ohne irgendeine Spur zu hinterlassen.
Die Folgerung, die alle Beteiligten aus diesen Versuchen zogen, war, daß man eine Vorrichtung benötigt, von der bei immer gleichbleibender Entfernung von etwa einer halben bis ganzen Meile in Lee vom Schiff fortwährend Öl ins Wasser gegeben wird. Irgendein Floß vielleicht mit einem metallenen Segel? Oder eine Art Drachen, der mit einem treibenden Kanister verbunden ist?
So sei denn dieses reichlich unzulängliche Kapitel beendet mit der Bitte an alle Leser, die Erfahrungen oder Vorschläge zu diesem Thema haben, uns diese mitzuteilen.
Über eines ist sich wohl jeder, der jemals Öl verwendet hat, völlig im klaren: Es bedeckt das Boot mit einer schmierigen, glitschigen ekelhaften Schicht, die man nur unter großen Mühen wieder entfernen kann.

Motorboote

Als Schiffer eines Motorfahrzeugs sollte man sich im allgemeinen bei Hurrikan-Bedingungen genauso verhalten wie an Bord eines Segelbootes. Für beide gilt das gleiche: Der Rumpf soll schwimmfähig bleiben und zusammenhalten.
Kurz und knapp läßt sich das wie folgt ausdrücken:

– Macht das Schiff mehr Wasser als du lenzen kannst, wird es früher oder später sinken.
– Wird das Schiff von einer See oder an der Küste zerschlagen, mußt du schwimmen.

Diese 29 Wörter treffen den Kern des Buches. Die bei schwerer See übliche Methode des „Beidrehens“ für Motorboote besteht darin, mit so viel Fahrt gegenanzudampfen, daß man gerade noch Ruder im Schiff behält. Das ist zwar sicher nicht sehr bequem, funktioniert aber – bis zu einem gewissen Grad. Dieser Punkt ist erreicht, wenn die zum Steuern erforderliche Mindestgeschwindigkeit nicht mehr aufrechterhalten werden kann oder, was wahrscheinlicher wäre, wenn das Schiff beim Stampfen Schläge einstecken muß, bei denen man Gefahr läuft, daß sich Planken lösen oder Brüche an Spanten oder Decksaufbauten auftreten. Wenn es erst einmal soweit gekommen ist, bleibt einem keine Wahl, als die Maschine zu stoppen und das Schiff wie eines ohne Maschinenantrieb zu behandeln.
Gegenüber einem Segelboot hat ein Maschinenfahrzeug dennoch einige Vorteile. Man kann es bei laufender Maschine genau in den Wind legen, und außerdem hat man (was vielfach übersehen wird) bei langsamer Geschwindigkeit infolge des auf das Ruder wirkenden Schraubenstroms erheblich größere Richtungskontrolle.
Ich habe alle herkömmlichen Methoden angewandt, als ich als Schiffer maschinengetriebener Fischereifahrzeuge an Küsten operierte, die berüchtigt sind für häufige und schwere Stürme: Gegenandampfen, Liegen quer zur See, Treibanker, Ölbeutel, Ablaufen vor der See (mit oder ohne nachgeschleppten Trossen). Nach meiner Meinung stellt das Ablaufen vor der See die sicherste und angenehmste Methode dar. Dabei geht man gewissermaßen mit dem Schlag, wodurch, handelt es sich um ein kleines Schiff, den nachfolgenden Seen viel von ihrer Gewalt genommen wird. Man fühlt sich dabei nicht nur wohler, auch ein anderer wichtiger Punkt spielt eine Rolle: Die Mehrzahl der Motorboote hat

kastenartige Decksaufbauten mit Fenstern, an denen eine von vorn an Deck steigende See beträchtlichen Schaden anrichten kann.

Überprüfe den Auspuff. Bei laufendem Motor wird der Gasdruck verhindern, daß Wasser in die Maschine eindringt, doch sollte diese Möglichkeit im Leerlauf oder bei abgestellter Maschine bestehen, muß man den Auspuff pfropfen oder sich sonst etwas ausdenken.

Es soll Leute geben, die behaupten, beim Ablaufen mit einem 40-kn-Boot ihre Geschwindigkeit beibehalten zu können, ohne querzuschlagen oder überrannt zu werden, indem sie sich auf die Vorkante einer See legen und sich dort mit Hilfe der Motoren halten. Ich weiß nicht, ob man an so etwas glauben soll, doch habe ich nie ein 40-kn-Schiff besessen. Mir scheint das Manöver reichlich riskant zu sein; mag sein, daß es zu schaffen ist. Allerdings habe ich etliche Male von Leuten gehört, die als Besitzer relativ langsamer Boote (unter 20 kn) verkünden, sie könnten den Seen entkommen, indem sie mit voller Fahrt vor ihnen herlaufen.

Das ist natürlich unsinniges Geschwätz. Zunächst einmal beträgt die Marschgeschwindigkeit einer Sturmsee etwa 30 kn, so daß ein normales Motorboot überhaupt nicht mithalten *kann*. Außerdem beschwört der Schiffer eine Katastrophe herauf, wenn er versuchen sollte, die Seen nicht wenigstens mit deren eigener Geschwindigkeit zu schlagen. Bei richtigem Verhalten soll die Geschwindigkeit beim Ablaufen vor der See so gering sein, daß das Schiff gerade noch gut auf dem Ruder liegt; und wenn Konstruktion und Windfang in der Weise wirken, daß das Schiff durch die „Segelwirkung" der Decksaufbauten auf Kurs gehalten werden kann (bei unter Umständen nachgeschleppten Trossen), soll man lieber ganz auf den Gebrauch der Maschine verzichten.

Viele kleinere Motorboote haben ein großes, nicht selbstlenzendes Cockpit. Ein wirklich schweres Rundumkleid aus Tuch oder Dacron, das sicher befestigt ist, kann eine erstaunliche Menge Wasser abhalten und ständiges Pumpen ersparen. Doch selbst die stärkste Persenning droht schließlich aus den Nähten zu platzen oder unter dem Anprall einer schweren See ihre Kauschen auszureißen. Es ist ganz einfach so, daß sich kleine Boote ohne selbstlenzendes Cockpit nicht auf die offene See wagen sollten.

Man bedenke, daß die Maschine bei schwerem Wetter anfälliger ist als unter normalen Verhältnissen. Der Hauptgrund dafür ist das Schwappen des Brennstoffs im Tank, wodurch Ablagerungen und Schwitzwasser vom Boden aufgerührt werden. Viele Leute scheinen unerschütterliches Vertrauen zu der Fähigkeit der Kraftstoffilter zu haben, mit verunreinigtem Brennstoff fertig zu werden.

Darüber denke ich allerdings ganz anders, wie wahrscheinlich die Fabrikanten solcher Filter auch, die sicher die ersten wären, die Vorteile einer Tankreinigung zu betonen.
Die Antwort ist also ganz klar: Halte den Tank sauber. Ablagerungen und Wasser sollten abgelassen und der Tank periodisch geöffnet und gereinigt werden. Beim Tanken muß der Brennstoff über einen Filter laufen. Bei großen Tanks müssen Anti-Schwall-Bleche eingebaut werden.
Eine weitere Fehlerquelle bedeutet im Ölsumpf herumschwappendes Öl. Gute Schiffsmotoren sind so konstruiert, daß sie gegen dadurch bedingte Störungen gefeit sind. Handelt es sich jedoch um einen selbst zurechtgebauten Automotor, kann man sehr bald in Schwierigkeiten geraten.
Ein anderer Punkt ist die wechselnde Motorbelastung durch die Schraube, je nachdem, ob sie in tieferem Wasser Widerstand findet oder an der Oberfläche durchzudrehen droht. Um hier zu helfen, kann man lediglich das Gas entsprechend variieren und die Maschine ein wenig liebevoll behandeln.
Für den Fall, daß man schnell vorankommen will, um zum Beispiel der Bahn eines Hurrikans auszuweichen, ist noch folgendes wichtig. Es scheint allgemein wenig beachtet zu werden (selbst unter Motorbootleuten), daß ein Boots- und ein Automotor ihre Antriebskraft auf verschiedene Weise liefern. Der Motor eines auf ebener Straße schnellfahrenden Personenwagens läuft zwar hochtourig; um jedoch die Geschwindigkeit beizubehalten, werden nur die PS benötigt, die zur Aufhebung des Reibungswiderstandes der Räder und des Luftwiderstandes erforderlich sind. Eine Schraube dagegen setzt die Maschine einer dauernden Belastung aus; ein Schiffsmotor hat also so viel zu leisten wie ein Auto, das im größten Gang einen endlosen Hang hinauffährt.
Aus diesem Grund sprechen die Hersteller von Schiffsmotoren von Höchst- und Dauerleistung und empfehlen, die letztere nur in Notfällen zu übersteigen. Viele Schiffsmotoren sind so konstruiert, daß die Dauerleistung gar nicht erst überschritten werden kann. Hier soll nur betont werden, daß die Lebensdauer einer Maschine, die einer ständigen Höchstbelastung ausgesetzt wird, nur kurz sein kann.
Für das Durchdrehen der Schraube, wenn diese bei übermäßig stampfendem Schiff in obere Schichten oder gar ganz aus dem Wasser kommt, ist noch kein Heilmittel gefunden worden. (Soweit es kleine Schiffe betrifft.) Alles was man tun kann ist, dem Durchdrehen dadurch zuvorzukommen, daß man rechtzeitig das Gas wegnimmt. Das ermüdet und ist nicht immer erfolgreich, und außerdem bricht es das Herz eines jeden, der eine mechanische Antenne hat, wenn

die Maschine geradezu aufstöhnt bei der plötzlichen Belastung durch den wieder untertauchenden Propeller.
Das Umfüllen von Benzin aus Kanistern in den Tank oder von Öl in den Motor muß bei jedem Wetter möglich sein; die dazu notwendigen Schläuche und Einfüllstutzen habe man also parat. Wird möglicherweise ein großer Behälter Reservebrennstoff mitgeführt, muß dieser sehr sorgfältig festgezurrt werden. Ein Ende um die Faßmitte ist völlig unzureichend. Es würde sich recken und schamfilen, und man hätte die aufregende und gefährliche Aufgabe, einem amoklaufenden Gewicht von annähernd einer halben Tonne nachzujagen. Das Geeignete wären Draht- oder Kettenstropps mit Spannschrauben zum Durchsetzen, die irgendwo sicher verankert werden müßten.

Offene Boote

Es gibt zahlreiche heldenhafte Geschichten von kleinen offenen Booten, die Ozeanreisen über Tausende von Meilen gemacht und dabei schwere Stürme überstanden haben.
Ein gut konstruiertes, vernünftig ausgerüstetes, sicher geführtes offenes Boot ist durchaus in der Lage, selbst einen sehr schweren Sturm abzuwettern. Allerdings sind vorher eine Reihe verschiedener Punkte zu beachten.
Zunächst kann nicht deutlich genug betont werden, daß die durchgefeilte Konstruktion des Bootes ebenso wichtig ist wie seine geschickte Handhabung. Ein gutes Boot rettet möglicherweise eine unfähige Besatzung, doch kann die geschickteste Besatzung ein schlechtes Schiff nicht über Wasser halten.
Unter Segel oder Motor, mit eingebauter Maschine oder mit Außenborder – vor dem Auslaufen vergewissere man sich in jedem Fall, daß zumindest die folgenden Ausrüstungsgegenstände an Bord sind:

- Rettungsweste für jedes Besatzungsmitglied
- Anker und Ankerleine
- 40 m Ersatztauwerk
- Mindestens ein Rettungsring in Hufeisenform
- Eine Packung Notraketen. Sie sind nicht teuer und retten einem vielleicht das Leben.
- Eine Signallampe (wasserdicht). (Das Notsignal lautet ••• — — — ••• (SOS) und wird in kurzen Abständen gegeben.)
- Ein Eimer mit starkem Henkel zum Ösen und als Treibanker
- Ein zusätzliches Gefäß zum Ösen (kein Marmeladenglas). Keine in ein Boot unserer Größe passende Pumpe befördert so viel Wasser über Bord wie ein geschickter Mann, der mit einem Ösfaß arbeitet. Dazu muß es allerdings einen passenden Griff haben, und man muß darauf achten, daß die Kanten nicht die Hände aufreißen.
- Auftriebskraft: Hat das Boot keine eingebauten Auftriebskörper, bringe zwei (oder mehr) 10-l-Kanister so hoch wie möglich im Boot an und sichere sie
- Riemen und Dollen
- Eine Dolle am Heck, um nach Anbordnehmen des Ruders oder Außenborders einen Riemen als Ruder verwenden zu können. Man hat das Boot mit

dessen Hilfe möglicherweise besser unter Kontrolle. Ein normales Ruderblatt wirkt nur, wenn das Boot Fahrt durchs Wasser macht – der Riemen wirkt als langarmiger Hebel.

Sichere alles lose Gut: Ösfässer, Dollen, Bodenbretter, damit sie beim Einsteigen einer See nicht über Bord gewaschen werden.
Laß dich an einem ruhigen sonnigen Tag nicht dazu verleiten, ohne diese Ausrüstung die Leinen loszuwerfen. Die Natur sorgt für Überraschungen: Nach einer halben Stunde oder weniger kann sie ihre Meinung geändert haben und dich in einen vollen Sturm verwickeln.
Jeden Tag gehen Hunderte oder Tausende mit kleinen offenen Booten auf See oder machen auf Binnengewässern eine Ruderpartie. Und jedes Jahr ertrinken davon einige Tausend.
Deshalb merke: Wenn bei diesen „Unglücksfällen" die Boote so ausgerüstet und geführt worden wären, wie es in diesem Kapitel empfohlen wird, wäre die Mehrzahl dieser Leute heute noch am Leben.
Gerätst du in einen Sturm, versuche unter allen Umständen, dich durch Rudern, Segeln oder Motoren soweit wie möglich in Sicherheit zu bringen, aber versäume nicht den rechten Zeitpunkt für eine Defensivstellung, bevor es zu spät ist.
Die einzige in Frage kommende Defensivlage für ein kleines offenes Boot ist die, den Kopf in den Wind zu legen. Das läßt sich aber nicht durch Rudern oder Segeln bewerkstelligen, noch kann man unter solchen Verhältnissen erwarten, daß die Maschine, binnenbords oder außenbords, zufriedenstellend läuft.
Hat das Boot einen Mast, der unter diesen Umständen gelegt werden kann (was man nicht unbedingt verlangen kann), lege ihn. Dann bringe einen Treibanker aus, wenn vorhanden. Hast du keinen, suche alles lose Gut zusammen – Mast, Baum, Bodenbretter und so weiter – mit Ausnahme der Auftriebskörper und Ösgefäße, verbinde alles untereinander und gib es an einer Leine als Treibanker über Bord. Handelt es sich um eine Jolle, kannst du es mit einem Segel versuchen, wie auf Abb. 13 gezeigt wird. Es kommt lediglich darauf an, den Bug mit allen nur möglichen Mitteln zur See zu halten und das Wasser ebenso schnell wieder herauszubefördern, wie es hereinkommt. Konzentriere allen Ballast (einschließlich Crew) auf die Mitte des Bootes oder eben dahinter – den günstigsten Punkt mußt du durch Versuche herausfinden. Sollte das Boot dazu neigen, übermäßig zu gieren, versuche durch die Hebelwirkung eines über das Heck ausgebrachten Riemens, jede See genau auf den Kopf zu

bekommen. Hast du ein zweites Segel an Bord, kannst du versuchen, das Boot damit soweit abzudecken, daß eine Art Vordeck entsteht, um so wenigstens etwas Wasser abzuhalten. Alles hilft ein bißchen. Danach bleibt nichts mehr zu tun, als zu versuchen, dich vielleicht irgendwie bemerkbar zu machen und dir eine Leine um den Bauch zu binden, wenn du nicht ohnehin einen Sicherheitsgurt angelegt hast.

Ist das Boot vollgeschlagen oder gekentert, bleibe am Boot und versuche nur dann wegzuschwimmen, wenn du dir 200prozentig sicher bist, heil anzukommen. 200prozentig jawohl, weil unter solchen Umständen das rettende Land oder Schiff mindestens zweimal so weit entfernt ist, wie es dir erscheinen mag. Wenn möglich, binde dich am Boot fest. Zwischen einzelnen Seen kommen ruhige Zonen, in denen du versuchen kannst, das Boot aufzurichten und auszuösen; das ist alles, was du machen kannst.

Dein Hauptproblem wird es aber vor allem sein, an Bord zu bleiben und durchzuhalten; aus diesem Grund erwähnte ich den Sicherheitsgurt. Wenn das Boot umgeworfen würde, ergäbe sich als nächstes Problem, woran die Leine belegt werden kann. Dazu kann ich keinen Rat geben; das hängt von der Ausstattung des einzelnen Bootes ab.

Für den Fall, daß du zum Land hin vertrieben wirst mit der Aussicht, durch schwere Brandung hindurchzumüssen, gilt das gleiche: Bleibe solange wie möglich am Boot. Die Versuchung, dich auf der Rettungsweste an Land tragen zu lassen, mag unwiderstehlich sein, doch bei wirklich schweren Brechern ist es besser, dies als letzte Möglichkeit aufzusparen.

Ist das Boot noch nicht gekentert, kannst du versuchen, es durch die Brandungswellen hindurchzubringen. Es hat keinen Zweck, Bug voran auf den Seen an Land zu surfen. Bei den wahrscheinlich anzutreffenden Wellen wirst du beinahe sicher querschlagen und überrollt werden. Nimm vielmehr bei noch immer ausgebrachtem Treibanker jede See auf den Kopf. Rudere hart gegen jeden ankommenden Brecher an, oder benutze dazu den Motor, wenn er (was kaum zu erwarten ist) noch brauchbar sein sollte. Wenn das Boot in der Brandung querschlägt oder kentert, gehe ihm und dem improvisierten Treibanker möglichst aus dem Weg, um einen sonst drohenden Schlag im Wirbel eines brechenden Kammes zu vermeiden.

Es wird immer Leute geben, die ohne eigenes Verschulden mit kleinen offenen Booten in schwere Seen geraten, doch die eigentliche Moral aus diesen Kapiteln ist diese: Solltest du bei sich ankündigendem schlechtem Wetter oder einer Sturmwarnung mit einem offenen kleinen Boot auf See gehen und in ernsthafte

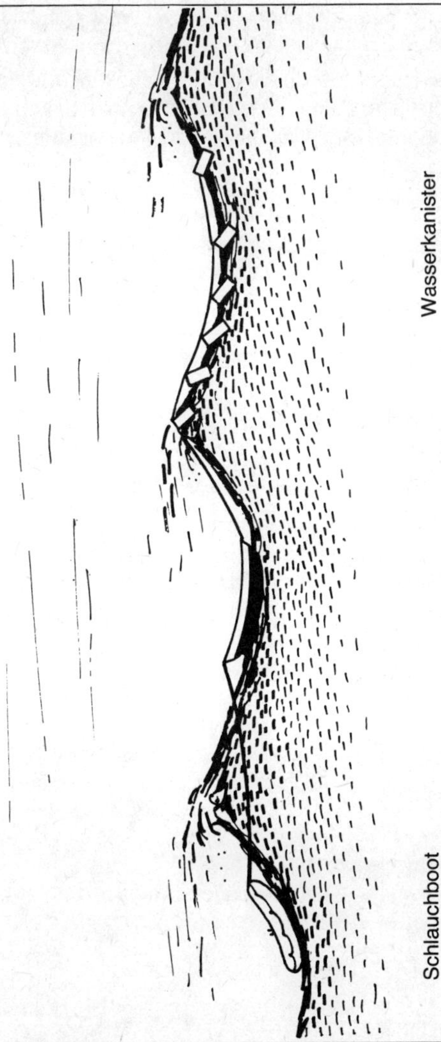

Abb. 17 Eine Methode für den Notfall

Schwierigkeiten geraten, bleibt dir immerhin der Trost, das bekommen zu haben, was du dir offenbar wünschtest.
Bevor du die Leinen loswirfst, solltest du dir vielleicht auch einmal klarmachen, daß du, gerätst du selbst in Gefahr, unter Umständen Boote und Leben der Leute gefährdest, die es für ihre unentgeltliche Pflicht halten, hinauszugehen und dich zu retten.

Die Crew

Noch einmal sei es betont: Als Schiffer trägt man Verantwortung, und bist du Schiffer, muß der Besatzung deine Hauptsorge gelten.

Crews gibt es in allen Schattierungen, Größen, jeden Alters und Geschlechts. Es können bezahlte Leute, Amateure oder zahlende Gäste sein, doch zeigt sich eigentlich ausnahmslos (nach der ersten Kraftprobe) die Einsicht, daß man sich dem Schiff und seinem Schiffer zu beugen hat. Du hast die Pflicht, deine Leute höflich, aber bestimmt über die Bedeutung der einzelnen Leinen aufzuklären. Außerdem hast du dafür zu sorgen, daß sie sich über die Sicherheitsvorkehrungen im klaren sind.

Für eine Überführungsfahrt – das heißt ein Schiff gegen Bezahlung so schnell wie möglich von Punkt A zu Punkt B zu bringen – eignet sich am besten eine bezahlte Crew, die wie du selbst kein romantisches Abenteuer sucht, vielmehr die Reise schnell beenden und möglichst bald wieder in heimatliche Gefilde zurückkehren möchte; außerdem hat man sie finanziell an der Leine. Für derartige Reisen ist eine Amateur-Crew nicht zu empfehlen. Sonst bietet dir möglicherweise ein Haufen arbeitsmüder, vergnügungssüchtiger Strandräuber seine Dienste an, die es vor allem darauf abgesehen haben, in jedem Hafen so lange herumzulungern, wie die eingesessenen Leute gewillt sind, ihnen für haarsträubendes Seemannsgarn harte Drinks zu liefern.

Für lange Reisen ist die Crew aus zahlenden Gästen gewöhnlich die beste. Um es unverblümt zu sagen: Es kommen dann sympathischere Menschen an Bord; Leute, die, ganz gleich von wem sie ihr Geld geerbt oder wie sie es verdient haben, sich so stark gedrängt fühlen, auf See zu gehen, daß sie die unvermeidlichen Beschwerlichkeiten einer Seereise auf kleinem Schiff gegen die Annehmlichkeiten des Landes eintauschen. Vielleicht bewegen sie sich anfangs ein wenig taprig, doch meistens wollen und werden sie schnell das Nötigste lernen.
Ob Einhandsegler oder Besatzungsmitglied – halte dich in jedem Falle frisch und bereit für mögliche Schwierigkeiten. Die beste Lösung wäre die, den Schiffer keine feste Wache gehen zu lassen. Er sollte 24 Stunden des Tages bereitstehen; wenn dies auch nicht immer möglich sein wird, versuche doch, alle Routinearbeiten der Crew zu überlassen und dich selbst nicht in Kleinigkeiten zu verlieren.

Viel zu viele Amateurschiffer verfallen der (kompensierenden?) Sucht, sich auf die Brust zu klopfen und unflätig daherredend umherzustolzieren, wahrscheinlich in dem Glauben, so besonders abgebrüht und befahren zu erscheinen. Diesen Irrtum verdanken sie vermutlich übergroßer Kinogeherei. In den allermeisten Fällen sind gute Schiffer, Amateure wie Berufsseeleute, beherrschte Menschen, die nicht nur etwas von ihrem Fach verstehen, sondern auch die Gabe haben, mit ihren Mitmenschen gut zurechtzukommen. Beides ist notwendig. Kapitän Bligh von der „Bounty“ zum Beispiel war ein hervorragender Seemann, aber schlechter Schiffer; James Cook und Admiral Anson dagegen waren nicht nur vorzügliche Seeleute, sondern auch großzügig und menschlich – und erfolgreicher.

Das soll nicht heißen, daß die Crew tun und lassen kann, was sie will. Wenn jemand einen Fehler macht, weise ihn sofort darauf hin, und lasse ihn die Sache in Ordnung bringen, wenn nötig mit deiner Hilfe. Von Zeit zu Zeit trifft man, der Eigenart menschlicher Natur entsprechend, auf einen notorischen Quertreiber. Ihn in grober Weise zurechtzuweisen, würde nichts nützen und außerdem nicht gerade erfreulich für den Rest der Besatzung sein. Trenne dich so schnell wie möglich von ihm.

Kleidung und Essen sind von größter Bedeutung: Ein Mann, der gut gesättigt und außerdem trocken und warm ist, ist gegen Angst gefeit und hält durch, solange wie es von ihm verlangt wird. Ist er dagegen hungrig und kalt, wird er früher oder später schlapp machen – gewöhnlich früher. Ist es erst einmal so weit gekommen, daß die Besatzung herumhockt wie sieches Federvieh, das auf den Gnadenstoß wartet, füttere deine Mannen. Du wirst dich wundern, wie sie wieder lebendig werden.

Ein weiterer Irrtum ist das „Krafteinpumpen“ durch reichliche Gaben Rum (oder sonstigen Alkohols). Die Wirkung ist nicht von Dauer, und man fühlt sich hinterher elender als zuvor. Hebe die Flasche auf, um den überstandenen Sturm zu begießen.

Bequemlichkeit ist wichtig. Wie die Crew untergebracht wird, hängt natürlich von der Einrichtung unter Deck ab, doch versuche, Kojen und Matratzen so bequem wie möglich zu machen. Und weil sich jeder gelegentlich gerne ein Weilchen zurückzieht, sollte ihm ein Schlupfwinkel reserviert werden, wenn auch nur mit Hilfe von Vorhängen, die er vor die Koje ziehen kann.

Es ist nicht gerade günstig, bei Sturm der Besatzung erklären zu müssen, wie man die Luken dichtmacht oder Trossen ausbringt – es ist schwer, überhaupt

zu solcher Zeit irgend etwas zu erklären. Bevor du also den Ausgangshafen verläßt, informiere die Besatzung darüber:
- Wo sich alles befindet.
- Welchen Zweck es erfüllt.
- Wie es zu gebrauchen ist.

Besprich dich, soweit es geht, mit deiner Crew. Halte sie ständig auf dem laufenden.

Und noch einmal betone ich, daß alle in diesem Buch gegebenen Ratschläge vor allem für Fahrtensegler gedacht sind. Der Regattasegler wird wahrscheinlich – eigentlich gezwungenermaßen – gnadenlos das Letzte aus Schiff und Besatzung herausholen, wenn er gewinnen will.

Eine Langfahrt sieht ganz anders aus. Da gibt es kein hektisches Getue. Auf engem Raum müssen vielerlei Leute eine ganze Weile miteinander auskommen, und es ist die Aufgabe des Schiffers, nicht nur das Schiff heil ans Ziel zu bringen, sondern auch zu vermeiden, daß die Besatzungsmitglieder etwa am Ende der Reise nichts so herbeisehnen, wie sich endlich nicht mehr sehen zu müssen.

Vorbereitung auf den Schiffbruch

Vor jedem Auslaufen sollte sich der Schiffer klar darüber sein, wie er sich verhalten würde, wenn er sein Schiff aufgeben müßte. Es ist ratsam, die dafür notwendigen Schritte vorher mit der Crew durchexerziert zu haben.
Es wird vorausgesetzt, daß die der Größe des Schiffes angemessene Sicherheits- sowie Seenotausrüstung an Bord ist.* Sodann sollte das zu startende Scheinmanöver soweit realistischen Charakter haben, daß sämtliche Handgriffe wie bei einem echten Seenotfall durchprobiert werden, ohne daß man natürlich die Rettungsinsel aufreißt oder gar Seenotraketen oder sonstige Signale abschießt.
Auf einige Punkte soll hier besonders hingewiesen werden, die auch auf sonst gut geführten Schiffen häufig übersehen werden.
In Seenot kann man bei gutem wie bei schlechtem Wetter geraten, bei Tag und bei Nacht, manchmal auch ohne jede Vorwarnung, etwa im Falle einer Kollision, bei Feuer oder einer Explosion. Aus diesem Grund muß die Seenotausrüstung augenblicklich einsatzbereit sein; hastiges Suchen, wenn das Unheil vor der Tür steht, ist jedenfalls kein Zeichen besonderer Seemannschaft.
Es kann sein, daß das Schiff in Höhe der Wasserlinie innerhalb von Minuten oder gar schneller unzugänglich wird. Deshalb darf die Seenotausrüstung niemals in ohnehin schon beschwerlich zu erreichenden Ecken gestaut sein, sondern muß irgendwo oben im Schiff untergebracht werden; jedenfalls muß sie von Deck aus zu erreichen sein. Aus dem gleichen Grund sollten zusätzlich zum gebunkerten Trinkwasser ausreichende Mengen in tragbaren Kanistern mitgeführt werden, wobei Plastikkanister mit stabilen Haltegriffen besonders zu empfehlen sind. Abgesehen von dem Nutzen, den sie bei Aufgabe des Schiffes haben, stellen solche Kanister eine Absicherung dar für den Fall, daß der Tank leckschlägt. Wasserdicht verpackt sollte man wenigstens eine Handlampe, ein Messer und einen Kompaß parat haben.

---

* Es sei in diesem Zusammenhang auf die „Sicherheitsrichtlinien – Internationale Richtlinien für die Ausrüstung und Sicherheit seegehender Segelyachten“ verwiesen, die von der Kreuzer-Abteilung des Deutschen Segler-Verbandes (DSV) herausgegeben werden.

Von dieser Grundausrüstung ausgehend, kann man je nach Art der Reise beliebig viel hinzufügen. Das kann die Angelausrüstung, ein Plastiksextant oder irgendwelche medizinische Hilfsausrüstung sein. Auf keinen Fall dürfen in diesem „Notpaket" die Notsignale fehlen sowie eine Seenotfunkboje. Für den Fall der Schiffsaufgabe ist jedenfalls dafür zu sorgen, daß dieser Beutel an Bord der Rettungsinsel bzw. des Beibootes kommt.

Rettungsmittel: Was immer zur Verfügung steht – Beiboot, Rettungsinsel oder beides –, beim Stauen kommt es auf zwei Dinge an: Sie müssen so sicher gezurrt sein, daß sie nicht über Bord gewaschen und doch schnell zu Wasser gebracht werden können. Dabei ist unter Umständen auf die später noch zu beschreibende „Kettenmethode" zu achten.

Dingi: Man staue es kieloben und zurre es zuverlässig, jedenfalls aber so, daß es bei Bedarf sofort einsatzbereit ist. Riemen, Dollen, Ruder, Pinne sowie Mast und Segel, wenn vorhanden, müssen fest und sicher im Dingi untergebracht sein. Nicht zu vergessen eine etwa 15 m lange Leine aus schwimmfähigem Material.

Rettungsinsel: Die Art der Unterbringung geschieht vernünftigerweise nach Angaben des Herstellers. Wie beim Dingi sollte auch hier die 15-m-Leine nicht fehlen.

Wasser (Notbestand): Wieviel davon vorzusehen ist, klären wir später; wichtig sind zunächst Ort und Art der Unterbringung. Die bereits empfohlenen Plastikkanister sollten nur soweit gefüllt sein, daß sie gerade eben noch schwimmen. Wie bei den Schwimmwesten achte man darauf, sie nicht etwa unten im Schiff zu stauen; man verzurre so viele wie möglich im Dingi. Der Rest ist so unterzubringen, daß er zwar sicher verstaut, im Notfall aber rasch griffbereit ist. Im Fall der „Kettenmethode" verbindet man die Kanister untereinander mit einer starken Leine bei jeweils etwa 3,50 m Abstand voneinander.

Faustzahlen für den Fall, so lange wie irgend möglich auf einem leckgeschlagenen Schiff oder in einem Rettungsfloß überleben zu müssen, in der Reihe ihrer Bedeutung:

- Atemluft: Fehlt sie länger als fünf Minuten, stirbt man. Es kommt also vordringlich darauf an, den Kopf über Wasser zu halten.
- Aufrechterhaltung der Körpertemperatur: Unterkühlung kann sehr schnell zum Tode führen.
- Wasser: Je nach den Umständen überlebt man ohne Wasser kaum mehr als sieben Tage.

- Schlaf: Schlafmangel ist nicht gleich lebensbedrohend, kann aber zu Halluzinationen und anormalem Verhalten führen und schneller außer Gefecht setzen als Nahrungsmangel. Diese Feststellung hat jedoch mehr theoretischen Charakter, weil sich das Bedürfnis nach Schlaf in der Regel gegen jede nur erdenkliche Unbequemlichkeit durchsetzt, so daß man sicher sein kann, Schlaf zu finden.
- Nahrungsaufnahme: Ohne Nahrungsaufnahme sind die Überlebenschancen von folgenden Faktoren abhängig: der Luft- bzw. der Wassertemperatur, der allgemeinen körperlichen Verfassung und dem erforderlichen Energieaufwand. Kein Arzt jedoch wäre verwundert zu hören, daß ein Schiffbrüchiger 20, 30 oder gar 40 Tage ohne Nahrung auskommen und überleben würde.

Die genannten Richtwerte sollen Anhaltspunkte für die Art und Menge der für den Ernstfall vorzuhaltenden Rettungs- und Lebensmittel sein. Dabei können wir Atemluft und Schlaf als Selbstgänger betrachten. Soweit es um die Erhaltung der Körpertemperatur geht, wird allgemein nicht ausreichend für warme Kleidung speziell für den Seenotfall gesorgt. Es kommt dann allerdings entscheidend darauf an, daß jedes Besatzungsmitglied so viel wie möglich davon anzieht oder wenigstens mitnimmt – gerade auch in tropischen Gewässern, wo Wolle ein guter Schutz vor der Glut äquatorialer Sonne sein kann.
Wasserration: Als absolutes Minimum werden 0,4 l pro Tag angesehen. Damit allerdings dürfte die Crew kaum glücklich, gesund und einsatzbereit bleiben, selbst wenn Abstriche je nach Klimaregion gemacht werden. Vernünftigerweise sollte man den folgenden hypothetischen Fall je nach den Umständen der Art von Reise als eine Art Richtschnur nehmen: Ein Einhandsegler, der während einer Transozeantour gezwungen wird, sein Schiff aufzugeben, entscheidet sich für die Mitnahme eines 20-l-Kanisters mit Trinkwasser. Bei einem Verbrauch von 0,5 l pro Tag würde diese Menge für 40 Tage reichen. Nach 20 Tagen wird er sich in pessimistischer Vorahnung vielleicht auf das Existenzminimum von 0,4 l beschränken. Wenn dann nach weiteren 20 Tagen immer noch keine Rettung erfolgt ist, kann er abermals strecken, indem er die tägliche Ration noch mehr verkleinert, allerdings dann auf Kosten seiner Widerstandskraft. Ein Haken dabei ist, daß 20 l 20 kg wiegen. Bei einer Vier-Mann-Besatzung bedeutet dies zusätzliche 80 kg für das Rettungsboot bzw. die Rettungsinsel, es sei denn, man bedient sich der Kettenmethode für einen Teil des Vorrats.
Lebensmittelration: Die offizielle Empfehlung lautet: ca. 1700 Kalorien pro Mann und Tag, bestehend aus konzentrierter Nahrung. Die britische Marine

bringt es auf die Kurzformel: 100 g Sweets, das heißt Karamelbonbons etwa, gesüßte Kondensmilch und Kekse.
Ich hoffe es nie ausprobieren zu müssen, bilde mir allerdings ein, als Schiffbrüchiger fast unbegrenzt lange von einer Diät aus Wasser, gesüßter Kondensmilch und Honig leben zu können. Auch für die Lebensmittel gilt natürlich, daß sie in handlichen und griffbereiten Behältern verstaut und schwimmbar sind für den Fall, daß sie beim Stauen ins Rettungsfloß zunächst im Wasser landen sollten.

Erste-Hilfe-Ausrüstung: Ideal wäre es, zwei davon an Bord zu haben: eine für den Normalfall, die andere verstaut bei der übrigen Notausrüstung. Ist dies nicht möglich, sollte der Verbandskasten wasserdicht sein und griffbereit liegen.

Die Notausrüstung ließe sich fast unbegrenzt erweitern, bis hin zu anspruchsvollen Mechanismen wie kleinen Seenotsendern sowie Mini-Entsalzungsanlagen. Der Schiffsausrüster wird freudestrahlend alles vorführen, wobei man nur selbst entscheiden kann, was man für wirklich brauchbar hält. Bei aller Fülle gibt es ein relativ selten erwähntes, dabei recht preiswertes Hilfsmittel, dem ich doch einige Bedeutung beimesse, und zwar die simple

Persenning: Darunter verstehe ich eine mindestens 5,00 m^2 große, reißfeste Plastikplane – je größer, desto besser. Diese Persenning sollte im Rettungsfloß untergebracht sein. Sie ist im Notfall für vielerlei Dinge einsetzbar: Als Schutz gegen Gischt, Wind und Sonne, gegen überkommendes Wasser, zum Einfangen von Regenwasser, als Kescher für Fische und als Notsegel. Bei entsprechenden Wetterverhältnissen und günstig ausgelegt, ließe sich durch die Plane der Wasservorrat durch Morgentau aufstocken, und ganz Geschickte brächten es sogar fertig, daraus eine primitive Entsalzungsanlage zu basteln.

Navigationsausrüstung: Für ein Rettungsboot mit Besegelung ist die Mitnahme eines Sextanten, der Nautischen Tafeln sowie einer zuverlässigen Uhr und des notwendigen Notizmaterials empfehlenswert. Damit wird es zumindest möglich sein, mit der Mittagshöhe die Breite zu bestimmen.

Zum Schluß dieses Kapitels sei nochmals betont, daß die Vorbereitung auf den Schiffbruch eben kein Scheinmanöver bleiben darf, sondern bereits an Land zu beginnen hat. Mit dem Beginn des Auslaufens müssen Schiff und Besatzung jederzeit auf mögliche Notsituationen vorbereitet sein.

Schiffbruch – und dann?

Schiffbruch erleidet man entweder auf einem Riff oder an einer Leeküste, durch Feuer, Kollision, eine Explosion oder durch Monsterseen. Alle Einzelheiten werden sich nicht vorhersehen lassen, so daß man auch nicht auf sämtliche Möglichkeiten vorbereitet sein kann. Es geht in diesem Kapitel um Situationen, in denen das Schiff, aus welchem Grund auch immer, aufgegeben werden muß.

Aufgabe: ja oder nein? Diese Frage mag zunächst unverständlich sein – das Schiff sinkt, steht in Flammen, bricht auseinander, oder es befindet sich sonstwie am Scheidewege. In der aktuellen Situation kann die Entscheidung außerordentlich schwierig sein. Worauf ich hinaus will, ist dies: Es gibt zahlreiche Fälle, in denen Schiffe, die von der Mannschaft aufgegeben wurden, sich tage- oder gar monatelang über Wasser hielten, die Besatzung hingegen verschollen blieb. Deshalb gilt der Grundsatz: *Bleibe so lange wie irgend möglich am Schiff.*

Auch wenn zum Beispiel das brennende Schiff zunächst verlassen werden muß, sollte man in seiner Nähe zu bleiben versuchen für den Fall, daß es durchkommt. Die See erstickt möglicherweise die Flammen; der Sturm läßt vielleicht soweit nach, daß es schwimmfähig bleibt – fast immer ist ein vollgelaufenes Schiff jedenfalls sicherer als zum Beispiel ein empfindliches Schlauchboot. Dennoch gibt es natürlich den Fall, daß ein Schiff aufgegeben werden muß, bevor es den eigentlichen Schiffbruch erleidet. Man kann sich etwa vorstellen (beim Fastnet-Rennen 1979 ist es geschehen), daß ein Schiff aufgrund orkanartiger Böen und Materialbruchs manövrierunfähig wird und auf eine mit Untiefen und Felsen gespickte Küste zutreibt – es bleibt einem nichts anderes übrig, als zu hoffen, daß ein Seenotrettungskreuzer oder gar ein Rettungshubschrauber in der Nähe ist.

Es gilt also auch hier das alte Sprichwort: Hoffe das Beste, doch sei auf das Schlimmste gefaßt.

Letzte Handgriffe

„Klar zur Aufgabe!" bedeutet für die Crew, daß in Kürze damit gerechnet werden muß, das Schiff aufzugeben und jegliche Notausrüstung ins Rettungsfloß zu stauen ist. Falls die Möglichkeit besteht, ein Notsignal über Funk zu geben, ist dafür jetzt der richtige Zeitpunkt.

Aufgabe des Schiffes

Es gibt verschiedene Möglichkeiten, sein Schiff endgültig zu verlassen. Die ungünstigste ist wohl die, daß jeder in Panik von Bord springt und unter Umständen nicht einmal mehr an das Flottmachen des Dingis oder der Rettungsinsel gedacht wird. Niemandem wünsche ich diese heikle Situation und hoffe, daß panisches Verhalten gar nicht erst aufkommt.
Ziehe zunächst dein Ölzeug und die Seestiefel aus. Hast du keine Schwimmweste angelegt, knote Arme und Beine des Ölzeugs zusammen, nachdem du sie durch Wedeln mit Luft gefüllt hast. Auf diese Weise kannst du sie wie Schwimmflügel benutzen. Die Temperatur des Wasser spielt für deine Überlebenschancen eine entscheidende Rolle. Behalte Pullover und sonstige isolierende Kleidung an (ausgenommen Ölzeug und Seestiefel!). Versuche nicht, dich etwa durch Strampeln warm zu halten. Du treibst damit die in den Wollsachen eingeschlossene Luft heraus und verausgabst dich unnötig. Eine Rettungsweste wird deinen Kopf über Wasser halten. Ohne Weste kannst du natürlich wassertreten, aber auch dies ist kräftezehrend, und es ist zu überlegen, ob du mit deinen Reserven nicht besser haushältst, indem du eine der folgenden Atemübungen praktizierst: Bei der „Taschenmesserübung“ bist du in der Taille entsprechend eingeknickt und streckst den Körper jedesmal, um zum Luftholen nach oben zu kommen. Du kannst aber auch bäuchlings im Wasser liegen und etwa wie sonst beim Kraulen zum Atmen den Kopf von Zeit zu Zeit nach oben drehen. Wohlbeleibte sollten sich nicht darauf verlassen, auf dem Rücken treiben zu können. Schon ein bißchen Seegang vereitelt diese Methode.
Entscheidend ist, daß du nie den Glauben an einen glücklichen Ausgang verlierst, der im übrigen häufiger eintritt, als du glaubst. Zahlreiche Schiffbrüchige, die lediglich mit einer Rettungsweste im Wasser trieben, sind nach vier, fünf Tagen wohlbehalten aufgefischt worden. Es hat auch den Fall gegeben, daß jemand mitten im Atlantik ohne Weste und unbemerkt über Bord gegangen und doch nach 24 Stunden von einem nachfolgenden Schiff gerettet worden ist.
Die Moral aus der Geschichte ist also: *Gib nicht auf, und halte dich so lange wie möglich über Wasser.*

Zuwasserlassen des Bootes

Das Zuwasserlassen des Schlauchbootes bzw. der Rettungsinsel sollte jeder an Bord schon einmal praktiziert haben.
Jetzt kommen wir auf die schon erwähnte Kettenmethode zu sprechen, die verschiedene Vorzüge hat, vor allem bei geringer Chance auf eine schnelle Bergung. Denn sie bietet die Möglichkeit, in jedem Fall ausreichend Trinkwasser mitzuführen.
Die hierfür zu verwendenden Plastikkanister sollten einen besonders stabilen Griff haben und nur soweit gefüllt sein, daß sie gerade eben noch schwimmen. Untereinander sind sie wie Perlen auf einer Schnur im Abstand von ca. 3,50 m mit einer Leine verbunden und so auch an Bord verstaut. Beim Vonbordgehen bringt man so viele Kanister ins Rettungsboot, wie zu vertreten ist, und verbindet den Rest, der die Kette bildet, mit der bereits erwähnten 15-m-Leine. Dieses Gebinde wird dann über Bord gegeben, wobei man sich darüber streiten kann, ob es besser ist, erst das Boot und dann die Kette folgen zu lassen oder umgekehrt.
Abb. 17 soll deutlich machen, wie die sich gerade noch über Wasser haltenden Kanister der Kette wie ein Treibanker wirken, der das Rettungsfloß im Wind hält, indem er einen kraftvollen, dabei aber doch elastischen Zug ausübt. Die Länge der Leine kann natürlich variiert werden, um übermäßiges Gieren in Grenzen zu halten.
Man bedenke, daß die schwimmenden Kanister nicht der einzige Wasservorrat sein dürfen; wenn die Leine bricht, wäre man sonst in fast auswegloser Lage. Man betrachte sie lediglich als eisernen Vorrat; soviel Wasser wie möglich gehört an Bord des Rettungsfloßes.

Kommando führen – aber wie?

Sein Schiff zu verlieren und für nicht vorhersehbare Zeit im engen Rettungsfloß zu treiben, verlangt vom Schiffer eine gehörige Portion Führungsqualitäten.
Erfahrungen und Ratschläge findet man in den Richtlinien der Marine, deren Angehörige vor allem im Krieg derartige Situationen durchgestanden haben. Es heißt da unmißverständlich, daß sich Menschen unter solchen Umständen bis zur Unzurechnungsfähigkeit verändern können, und es wird ganz nüchtern gesagt, welcher Art Schritte dann angebracht sind. Es gibt da nur wenige und noch dazu schwer verdauliche Grundsätze.

Überlebende, die versuchen, sich an Bord eines bereits überfüllten Bootes zu retten, müssen zurückbleiben. Waffen jeglicher Art sind dem Schiffsführer zu übergeben. Lebensmittelzuteilung erfolgt zu festgesetzten Zeiten und ohne jede Bevorzugung. Mogelei in dieser Hinsicht ist sofort und unmißverständlich zur Rede zu stellen.
Sollte jemand im Sterben liegen und es kann ihm weder mit Wasser noch mit Lebensmitteln geholfen werden, hat der Schiffsführer zu bestimmen, ob er noch weitere Zuteilungen erhalten soll oder nicht. Bei dahinschwindenden Vorräten werden dann noch weitere ihn schier überfordernde Entscheidungen auf ihn zukommen.

Was noch hilft zum Überleben

Um der Crew das Gefühl zu geben, zu etwas da zu sein, sorge man für eine gewisse Bordroutine, auch wenn sie zunächst ein wenig gekünstelt wirken mag.
See- als Trinkwasser? Zu dieser vieldiskutierten Frage sagt die Marine, daß jeder am Trinken von Seewasser gehindert werden müsse, notfalls mit Gewalt, da sein Genuß zu Delirium und Tod führen kann. Es gibt jedoch andere Stimmen, die geringe Mengen als Beimischung für vertretbar halten. Was aber sind geringe Mengen? Hierzu legt sich niemand fest – und ich will es auch nicht.
Eine sinnvolle Sache ist es, zu angeln, einmal wegen der Anreicherung des Speiseplans, zum anderen wegen der Beschäftigung. Die Körperflüssigkeit von Fischen ist vergleichsweise salzarm, das Verdauen von Fisch (ebenso wie von Seevögeln) erfordert jedoch reichliche Mengen Wasser – deshalb also nur bei ausreichenden Wasserreserven zusätzlich Fisch essen!
Man sorge für ausreichende Körperwärme und vermeide Schwitzen oder gar Frieren – auch hierbei kann die Persenning gute Dienste leisten. Ansonsten sollte man dicht beisammenhocken, um alle vorhandene Wärme auszunutzen.
Ein wichtiger Zeitvertreib ist auch das Auffangen von Regenwasser. Selbst die kleinste Fläche ist gut zum Sammeln. Wenn man bei einem tropischen Guß den Kopf ein wenig beugt, wird man ein Gefäß unterhalb des Kinns in Windeseile füllen können. Auch Ölzeug oder wieder die Persenning werden hierbei von Nutzen sein.
Wer vor Verlassen des Schiffes einen Notruf abgeben konnte mit genauen Angaben über den Standort, der sollte natürlich mit allen Mitteln versuchen, in der Nähe dieses Ortes zu bleiben. Ansonsten aber sollte es oberstes Gebot sein, in

Richtung des „rettungsträchtigsten" Seegebietes zu kommen. Das kann schwierig zu entscheiden sein, denn die Überlegung, das nächstliegende Land zu erreichen, ist nicht immer auch die klügste. In Gegenden, wo die Windrichtung vorherrschend gleich bleibt wie etwa in den Passatzonen, kann es sinnvoller sein, vor den Wind zu gehen und vielleicht 1000 sm vor sich zu haben, als erfolglos zu versuchen, 250 sm gegen den Wind aufzukreuzen. Ist ein Schiffahrtsweg in der Nähe, sollte man versuchen, ihn zu erreichen.
Besser ist es auf jeden Fall, zu segeln, auch wenn es im Schneckentempo und mit geringstem körperlichem Einsatz geschieht, einfach deswegen, weil es einen Funken Hoffnung und das Gefühl einer sinnvollen Beschäftigung vermittelt.

Zuversicht

Ein entscheidender Punkt begleitet wie ein roter Faden alle Überlebensdramen auf See: Es ist schlicht und einfach der Glaube an das Überleben.
Es kommt vor allem darauf an, daß die Besatzung in diesem Glauben bestärkt wird. Verzweiflung kann seelisch und körperlich zermürben, auch wenn Lebensmittel reichlich vorhanden sind. Bei positiver Einstellung dagegen können größte Belastungen sozusagen wildentschlossen und heil überstanden werden.
Diesen Glauben an das Überleben gibt es nun leider nicht als handlich verpackte Konservenware. Wenn man ihn jedoch hat, wirkt er als unsichtbare Kraft, auch wenn die materiellen Vorräte dahinschwinden.
Hat der Schiffer diese Zuversicht oder jemand anders aus der Crew, so wird er sie auf die anderen übertragen können. Das ist keine Zauberei, sondern die einfache Tatsache, daß Glaube und Zuversicht in ganz selbstverständlicher Weise sich übertragen lassen. Aber – wer von uns will von sich behaupten, daß er ehrlichen Herzens solch blinder Zuversicht fähig wäre. Viel wahrscheinlicher ist das redliche Bemühen, ein zuversichtliches Gefühl zu verbreiten.
Man sollte die Situation mit der Crew in allen Einzelheiten besprechen und die positiven Möglichkeiten betonen. Es empfiehlt sich, auf die zahlreichen Schiffbrüchigen zu verweisen, die Wochen und Monate selbst in offenen Booten überlebt haben. Man erinnere sie an Kapitän Bligh von der „Bounty" oder an die Rettungsboote der „Trevessa", die nach 1500 sm schließlich glücklich landeten. Auch die Geschichte des chinesischen Stewards gehört dazu, der die Tor-

pedierung seines Schiffes als einziger überlebte, und zwar in einem Schlauchboot, auf dem er lediglich Wasser für eine Woche sowie Angelzeug hatte. Er trieb monatelang auf dem Indischen Ozean und ernährte sich buchstäblich von dem, was die See ihm bot: Vögel, Fische, Algen und Entenmuscheln, die er vom Boden seines Dingis abkratzte, von Regenwasser und Tau, den er mit Hilfe des Kapoks auffing, dem Material seiner Rettungsweste – bis er schließlich nach 13 Monaten gerettet wurde. (Seine Verfassung erlaubte es ihm dann immer noch, sich in seinem Dingi zu erheben und seinen Rettern mit freundlicher Verbeugung zu danken.)

Wenn wir zusammenfassen, sind es vier Dinge, die wir für das Überleben auf See benötigen: Luft, Wasser, Schutz und Lebensmittel. Dies sind die Grundlagen, derer ein König in seinem Schloß ebenso bedarf wie der Schiffbrüchige in seinem Rettungsboot. Doch das Zünglein an der Waage für den Schiffbrüchigen ist seine Zuversicht, ohne die die vier anderen Dinge möglicherweise nicht ausreichen.

Nachwort

In diesem Buch ist ausschließlich von katastrophalen Bedingungen die Rede gewesen, von Hurrikanen, Monsterseen, Feuer und Schiffbruch. Der Neuling mag nun glauben, daß die Ozeansegelei eine äußerst heikle Angelegenheit sei. Sie ist es nicht! Statistisch gesehen ist man auf einem seemännisch gut geführten Schiff viel sicherer als auf einer vielbefahrenen Straße.
Was bleibt, ist ein Schiff ohne Raffinessen und verchromte Extras, ein Schiff vielleicht, das in mancher Hinsicht überholt erscheint. Die See jedoch kümmert sich nicht um die Mode; es wird kein besonders schnelles, aber ein gefälliges Boot sein, denn Zweckmäßigkeit und Schönheit gehen Hand in Hand.
Sorgen und wirkliche Angst wird man bei der Tiefwassersegelei nur selten haben. Im übrigen gibt es an Bord vielerlei Beschäftigung: Navigation, Instandhaltung, ein neues Rezept in der Pantry ausprobieren – oder man liegt des Nachts an Deck und schaut in die Sterne, während das Schiff seinen Kurs alleine steuert.
Doch gelegentlich beschert uns der Himmel einen kräftigen Puster, damit wir nicht zu bequem werden, angenehme Tage besser zu schätzen lernen und daran erinnert werden, daß die See nur den Segler respektiert, von dem sie weiß, daß er über genügend Pflichtgefühl, Wachsamkeit, Geschick und Ausdauer verfügt.